AF523577

Rudyard Kipling

Der Schmetterling, der mit dem Fuß aufstampfte

Rudyard Kipling

DER SCHMETTERLING, DER MIT DEM FUSS AUFSTAMPFTE

Mit Illustrationen von
Kathrin Schärer

Herausgegeben, übersetzt
und mit einem Nachwort von
Andreas Nohl

Hanser

3. Auflage 2024

ISBN 978-3-446-25299-8

Umschlaggestaltung: Stefanie Schelleis, München
© Kathrin Schärer
Litho: Fotosatz Amann, Memmingen
Satz im Verlag
Druck und Bindung: BALTO print, Vilnius
Printed in Lithuania

INHALT

WIE DER WAL SEINEN ENGEN SCHLUND BEKAM

Im Meer, mein Herzensschatz*, da war einmal ein Wal, und der fraß Fische.

* Mit »Herzensschatz« meint Kipling zunächst seine erste Tochter Josephine, der er die Geschichten ursprünglich erzählte; vgl. Nachwort.

Er fraß den Seestern und den Seestör und die Krabbe und den Krill und die Scholle und den Schopffisch und den Rochen und den Rotzbarsch und den Zander und die Flunder und den Trommelfisch und den Trompetenfisch und den echten wahren zwirbligen, wirbligen Aal. All die Fische, die er in dem Riesenmeer fand, fraß er mit seinem Maul – etwa so! Bis am Ende im ganzen weiten Meer nur noch ein einziger Fisch übrig war, und das war der kleine Schlaumeierfisch, und er schwamm knapp hinter dem rechten Ohr des Wals, um in Sicherheit zu bleiben.

Da stellte sich der Wal auf seinen Schwanz und sagte: »Ich habe Hunger.«

Und der kleine Schlaumeierfisch sagte mit seiner kleinen Schlaumeierstimme: »Edler und großmütiger Meeressäuger, hast du schon mal Mensch probiert?«

»Nein«, sagte der Wal. »Wie schmeckt das?«

»Gut«, sagte der kleine Schlaumeierfisch. »Gut, nur ein bisschen knorpelig.«

»Dann besorg mir ein paar«, sagte der Wal und brachte das Meer mit seinem Schwanz zum Schäumen.

»Einer pro Mahlzeit reicht«, sagte der Schlaumeierfisch. »Wenn du zur Kreuzung fünfzigster nördlicher Breitengrad und vierzigster westlicher Längengrad schwimmst (das ist Zauberei), wirst du auf einem Floß mitten im Meer einen finden, mit nichts als einer blauen Leinenhose, einem Paar Hosenträgern (Du darfst *auf keinen Fall* die Hosenträger vergessen, Herzensschatz!) und einem Klappmesser – einen gewissen schiffbrüchigen Seemann, der, das will ich dir nicht verschweigen, ein Mann von grenzenlosem Einfallsreichtum und Verstand ist.«

Der Wal schwamm und schwamm daher zur Kreuzung fünfzigster nördlicher Längengrad und vierzigster westlicher Längengrad, so schnell er schwimmen konnte. Und auf einem Floß mitten im Meer, mit nichts als einer blauen Leinenhose, einem Paar Hosenträgern (du darfst vor allem die Hosenträger nicht vergessen, Herzensschatz) und einem Klappmesser, fand er einen einzelnen einsamen schiffbrüchigen Seemann, der seine Beine ins Wasser baumeln ließ. (Seine Mama hatte ihm erlaubt zu planschen, sonst hätte er das niemals getan, denn er war ein Mann von grenzenlosem Einfallsreichtum und Verstand.)

Da öffnete der Wal sein Maul weit und weiter und noch weiter, bis es fast seinen Schwanz berührte, und er verschluckte den schiffbrüchigen Seemann und das Floß, auf dem er saß, und die blaue Leinenhose und die Hosenträger (die du *auf keinen Fall* vergessen darfst) *und* das Klappmesser. Er schlang sie alle hinunter in seine warme, dunkle inwendige Speisekammer, und dann schmatzte er laut mit den Lippen – etwa so! Und er drehte sich dreimal auf seinem Schwanz herum.

Doch sobald der Seemann, der ein Mann von grenzenlosem Einfallsreichtum und Verstand war, sich tatsächlich in der warmen, dunklen inwendigen Speisekammer wiederfand, da begann er zu stampfen und krampfen, scharwanzen und tanzen, trampeln und hampeln, treten und kneten, rupfen und hupfen, rumpeln und bumpeln, rappeln und zappeln, stechen und brechen, lärmen und härmen, sudeln und trudeln, schreien und vermaledeien. Und er tanzte schottische TRILLER, wo er es nicht hätte tun sollen, und dem Wal wurde überaus schlecht. (Hast du *etwa* die Hosenträger vergessen?)

Also sagte er zu dem Schlaumeierfisch: »Dieser Mensch ist sehr knorpelig, und außerdem kriege ich Schluckauf davon. Was soll ich tun?«

»Sag ihm, er soll rauskommen«, sagte der Schlaumeierfisch.

Da rief der Wal in seinen Schlund zu dem schiffbrüchigen Seemann hinunter: »Komm raus und benimm dich. Ich habe Schluckauf.«

»Nein, nein!« sagte der Seemann. »So nicht, sondern vollkommen anders. Bring mich an meine Heimatküste und zu den Kreidefelsen Albions, dann überlege ich's mir.« Und er begann noch schlimmer zu tanzen.

»Bring ihn lieber nach Hause«, sagte der Schlaumeierfisch zum Wal. »Ich hätte dich warnen sollen, dass er ein Mann von grenzenlosem Einfallsreichtum und Verstand ist.«

Also schwamm der Wal und schwamm und schwamm so kräftig mit beiden Flossen und seinem Schwanz, wie er nur konnte, wegen des Schluckaufs. Und endlich sah er die Heimatküste des Seemanns und die Kreidefelsen Albions und sauste den halben Strand hinauf und öffnete sein Maul weit und weiter und noch weiter und sagte: »Hier umsteigen nach Winchester, Ashuelot, Nashua, Keene und den Haltestellen an der Fitchburg Road.« Und gerade als er »Fitch« gesagt hatte, stiefelte der Seemann aus seinem Maul heraus.

Doch während der Wal geschwommen war, hatte der Seemann, der in der Tat ein Mann von grenzenlosem Einfallsreichtum und Verstand war, sein Klappmesser genommen und das Floß auseinandergesägt und zu einem kleinen viereckigen Gitter kreuz und quer zusammengesetzt und mit seinen Hosenträgern stramm zusammengebunden. (*Jetzt* weißt du, warum du die Hosenträger nicht vergessen solltest!) Und er hievte dieses Gitter nun in den Schlund des Wals und stopfte es fest, und da blieb es stecken! Dann sagte er die folgende SLOKA auf, die ich, da du sie nicht kennst, nun gleich vortragen werde:

»Dank meinem Gütter
Stoppt ich dein Fütter.«

Denn der Seemann war auch ein Irrländer. Und er schritt hinaus auf den Kiesstrand und ging nach Hause zu seiner Mutter, die ihm ja erlaubt hatte, seine Beine ins Wasser baumeln zu lassen. Dort heiratete er, und wenn er nicht gestorben ist, dann lebt er noch heute.

Ebenso wie der Wal. Doch von jenem Tage an hinderte ihn das Gitter in seinem Schlund, das er weder raushusten noch runterschlucken konnte, etwas anderes zu fressen als sehr, sehr kleine Fische. Und deshalb fressen Wale heutzutage niemals Menschen oder kleine Jungen und Mädchen.

Der Schlaumeierfisch machte sich davon und versteckte sich im Schlamm unter der Türschwelle des Äquators. Er hatte Angst, der Wal könnte wütend auf ihn sein.

Der Seemann nahm das Klappmesser mit nach Hause. Er trug die blaue Leinenhose, als er hinaus auf den Kiesstrand trat. Die Hosenträger blieben zurück, wie du ja weißt, weil das Gitter damit vertäut war.

Und das ist das Ende *dieser* Geschichte.

WIE DAS KAMEL SEINEN HÖCKER BEKAM

Also, dies ist die nächste Geschichte, und sie erzählt, wie das Kamel seinen großen Höcker bekam.

Am Anfang der Zeit, als die Welt noch ganz neu war und so, und die Tiere gerade erst anfingen, für den Menschen zu arbeiten, gab es ein Kamel, das mitten in einer heulenden Wüste lebte,

weil es nicht arbeiten wollte. Und außerdem heulte es selber ganz gern. So aß es Stöckchen und Dornen und Tamarisken und Wolfsmilch und Stacheln und war aufreizend faul. Und wenn jemand es ansprach, sagte es: »Rutsch mir den Buckel runter!« Einfach nur das und nichts weiter.

Gleich am Montagmorgen kam das Pferd zu ihm – mit einem Sattel auf dem Rücken und Zaumzeug im Maul – und sagte: »Kamel, o Kamel, komm raus und trabe wie wir anderen auch.«

»Rutsch mir den Buckel runter!«, sagte das Kamel, und das Pferd ging weg und erzählte es dem Menschen.

Dann kam der Hund zu ihm – mit einem Stock im Maul – und sagte: »Kamel, o Kamel, komm und apportiere wie wir anderen.«

»Rutsch mir den Buckel runter!«, sagte das Kamel, und der Hund ging weg und erzählte es dem Menschen.

Dann kam der Ochse zu ihm – mit dem Joch auf dem Nacken – und sagte: »Kamel, o Kamel, komm und pflüge wie wir anderen.«

»Rutsch mir den Buckel runter!«, sagte das Kamel, und der Ochse ging weg und erzählte es dem Menschen.

Am Ende des Tages rief der Mensch das Pferd und den Hund und den Ochsen zusammen und sagte: »Ihr drei, o ihr drei, es tut mir sehr leid für euch (wo die Welt doch so neu ist und so), aber dieses Buckelrutschding in der Wüste kann nicht arbeiten, sonst wäre es längst hier. Also werde ich es jetzt in Ruhe lassen, und ihr müsst doppelt so viel arbeiten, um das wettzumachen.«

Das machte die drei sehr wütend (wo die Welt doch so neu war und so und alles) und sie veranstalteten am Rand der Wüste ein großes PALAVER und ein INDABA und ein PUNCHAYET und ein POW-WOW.

Und das Kamel kam, kaute Wolfsmilch, war auf höchst aufreizende Weise faul und lachte sie aus. Dann sagte es: »Rutscht mir den Buckel runter!«, und ging wieder.

Da kam der DSCHINN des Weges, der für alle Wüsten zuständig ist, er rollte in einer Staubwolke heran (Dschinns bewegen sich immer so, weil das Zauberei ist) und er hielt an, um mit den dreien zu palavern.

»Dschinn aller Wüsten«, sagte das Pferd, »ist es recht, dass jemand faul ist, wo die Welt doch so neu ist und so?«

»Auf keinen Fall«, sagte der Dschinn.

»Nun«, sagte das Pferd, »da ist das Ding mitten in deiner heulenden Wüste (und es heult selber ganz gern), mit langem Hals und langen Beinen, und es hat seit Montagmorgen noch keinen Strich gearbeitet. Es will nicht traben.«

»Hu!«, sagte der Dschinn und pfiff leise, »das ist mein Kamel, da verwette ich alles Gold Arabiens! Was sagt es denn dazu?«

»Es sagt ›Rutsch mir den Buckel runter!‹«, sagte der Hund, »und es will nicht apportieren.«

»Sagt es sonst noch was?«

»Nur ›Rutsch mir den Buckel runter!‹, und es will nicht pflügen«, sagte der Ochse.

»Also gut«, sagte der Dschinn. »Ich werde es buckelrutschen – wenn ihr so freundlich seid, eine Minute zu warten.«

Der Dschinn rollte sich in seinen Staubmantel und eilte quer durch die Wüste und fand das Kamel, das aufreizend faul in einem Wassertümpel sein Spiegelbild betrachtete.

»Mein alter blubbernder Freund«, sagte der Dschinn, »was höre ich da, du arbeitest nicht, wo doch die Welt so neu ist und alles?«

»Rutsch mir den Buckel runter!«, sagte das Kamel.

Der Dschinn setzte sich, stützte das Kinn in die Hand und begann sich eine große Zauberei auszudenken, während das Kamel sein eigenes Spiegelbild im Wassertümpel betrachtete.

»Du hast den dreien die ganze Zeit seit Montagmorgen zusätzliche Arbeit aufgehalst, nur wegen deiner aufreizenden Faulheit«, sagte der Dschinn. Und er dachte weiter über Zauberei nach, das Kinn auf die Hand gestützt.

»Rutsch mir den Buckel runter!«, sagte das Kamel.

»Ich würde das an deiner Stelle nicht noch einmal sagen«, meinte der Dschinn. »Es könnte einmal zu viel sein. Blubber, ich will, dass du arbeitest.«

Und das Kamel sagte wieder: »Rutsch mir den Buckel runter!« Doch kaum hatte das Kamel das gesagt, sah es, wie sein Rücken, auf den es so stolz war, anschwoll und anschwoll, bis er ein großer, riesiger Buckel geworden war.

»Siehst du das?«, fragte der Dschinn. »Das ist dein eigener Buckel, den du dir selber zuzuschreiben hast, weil du nicht arbeitest. Heute ist Donnerstag, und du hast seit Montag, als die Arbeit begann, nur gefaulenzt. Ab jetzt wirst du arbeiten.«

»Wie kann ich das denn«, fragte das Kamel, »mit diesem Buckel auf meinem Rücken?«

»Der ist mit Absicht gemacht«, sagte der Dschinn, »und zwar, weil du die drei Tage geschwänzt hast. Du kannst ab jetzt drei Tage ohne Essen arbeiten, weil dich dein Buckel ernährt. Und sag bloß nicht, ich hätte nie etwas für dich getan. Komm aus der Wüste und geh zu den dreien und benimm dich. Buckel selbst!«

Und das Kamel buckelte selbst, mit Buckel und allem, und ging hin zu den dreien.

Und seit jenem Tag bis heute trägt das Kamel immer einen Buckel (wir nennen ihn »Höcker«, um seine Gefühle nicht zu verletzen). Aber es hat die drei Tage nie eingeholt, die es am Anfang der Welt versäumt hat, und es hat bis heute nicht gelernt, sich zu benehmen.

WIE DAS RHINOZEROS SEINE HAUT BEKAM

Es war einmal auf einer unbewohnten Insel an den Stränden des Roten Meeres ein **PARSE**, auf dessen Hut sich die Sonnenstrahlen in mehr als orientalischer Pracht spiegelten. Und der Parse lebte am Roten Meer mit nichts als seinem Hut und seinem Messer und einem Küchenofen von der Sorte, die du auf keinen Fall anfassen darfst.

Und eines Tages nahm er Mehl und Wasser und Johannisbeeren und Pflaumen und Zucker und so Sachen und machte sich einen Pfannkuchen, der zwei **FUSS** breit und drei **FUSS** dick war. Es war in der Tat eine hochwertige Viktualie (das ist ein Zauberwort), und er tat den Teig auf den Herd, denn *er* durfte auf diesem Herd kochen, und er backte den Teig und backte ihn, bis er ganz braun war und herzerwärmend duftete. Aber gerade als er den Kuchen essen wollte, kam aus dem vollkommen unbewohnten Landesinneren ein Rhinozeros an den Strand herunter, mit einem Horn auf der Nase, zwei Schweinsäuglein und wenigen Manieren.

In jenen Tagen saß dem Rhinozeros die Haut ganz eng. Nirgendwo hatte es Falten. Es sah genauso aus wie ein Rhinozeros aus der Arche Noah, nur viel größer natürlich. Trotzdem hatte es damals keine Manieren, und es hat auch heute noch keine Manieren, und es wird nie Manieren haben. Es sagte: »Hau!«, und der Parse ließ den Kuchen stehen und kletterte auf die Spitze einer Palme mit nichts an als seinem Hut, auf dem sich

immerzu die Sonnenstrahlen
in mehr als orientalischer Pracht
spiegelten. Das Rhinozeros
stieß mit seiner Nase den
Ölofen um, und der Kuchen kullerte
in den Sand, und es spießte den Kuchen

mit seinem Nashorn auf und fraß ihn. Dann ging es schwanzwedelnd weg in das verlassene, vollkommen unbewohnte Landesinnere, das an die Inseln von **MAZANDERAN**, **SOKOTRA** und die Ausläufer der größeren **TAGUNDNACHTGLEICHE** grenzt. Da kletterte der Parse von seiner Palme herunter, stellte den Ofen wieder auf die Füße und gab folgende Sloka zum Besten, die ich, da du sie nicht kennst, jetzt gleich vortragen werde:

»Wer Kuchen klaut,
Den der Parse gebraut,
Der hat Mist gebaut.«

Und da steckte viel mehr dahinter, als du denkst.

Denn fünf Wochen später gab es eine Hitzewelle am Roten Meer, und alle zogen sämtliche Kleidungsstücke aus, die sie anhatten. Der Parse nahm seinen Hut ab, aber das Rhinozeros zog seine Haut aus und hängte sie sich über die Schulter, als es zum Baden an den Strand hinunterkam. In jenen Tagen wurde die Haut untenrum mit drei Knöpfen zugeknöpft und sah aus wie ein Regenmantel. Das Rhinozeros verlor über den Kuchen des Parsen kein Wort, denn es hatte ihn ganz aufgegessen, und es hatte noch immer nicht die mindesten Manieren, damals nicht, seither nicht und auch nicht in Zukunft. Es watschelte ohne Umschweife ins Wasser, machte Blasen mit der Nase und ließ die Haut am Strand liegen.

Da kam der Parse vorbei und fand die Haut, und er lächelte ein Lächeln, das zweimal rund um sein Gesicht lief. Dann tanzte er dreimal um die Haut herum und rieb sich die Hände. Daraufhin lief er zu seinem Lager und füllte seinen Hut mit Kuchenkrümeln, denn der Parse aß nie etwas anderes als Kuchen, und er fegte sein Lager nie aus. Er nahm die Haut, und er schüttelte die Haut, und er schrubbte die Haut und rieb die Haut mit so vielen alten, trockenen, ranzigen, kratzigen Kuchenkrümeln ein, wie sie überhaupt nur aufnehmen konnte, und dazu noch mit ein paar angebrannten Johannisbeeren. Dann kletterte er auf seine Palme und wartete darauf, dass das Rhinozeros aus dem Wasser kam und sie anzog.

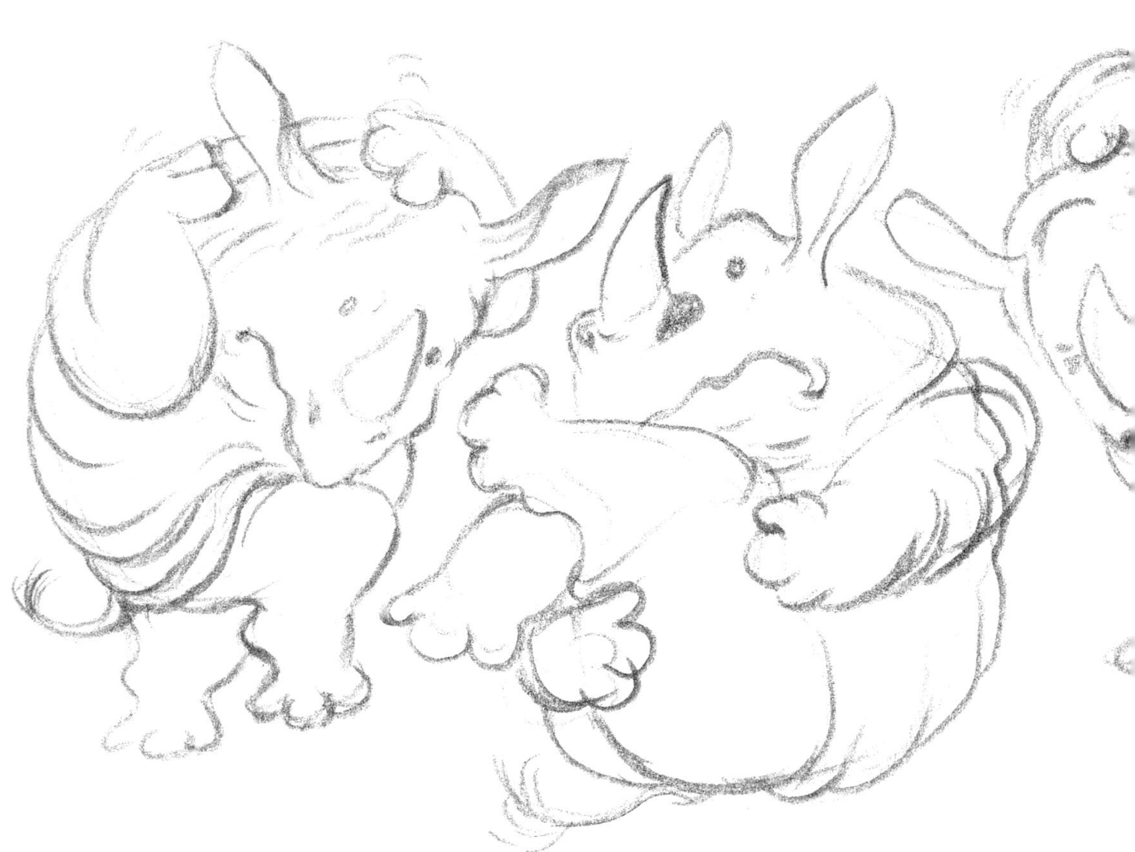

Und das tat das Rhinozeros. Es knöpfte die Haut mit den drei Knöpfen zu, und sie kitzelte wie Kuchenkrümel im Bett. Da wollte es sich kratzen, aber das machte es nur schlimmer. Daraufhin legte es sich in den Sand und wälzte und wälzte und wälzte sich, und jedes Mal wenn es sich wälzte, kitzelten die Kuchenkrümel schlimmer und schlimmer und schlimmer. Da rannte es zur Palme und rubbelte und rubbelte und rubbelte sich daran. Es rubbelte so viel und so heftig, dass es seine Haut zu einer großen Falte über seinen Schultern rubbelte und einer weiteren Falte untenrum, wo vorher die Knöpfe waren (aber es

rubbelte die Knöpfe ab), und es rubbelte sich noch mehr Falten über den Beinen. Und das verdarb ihm die Laune, aber die Kuchenkrümel störte das nicht im Mindesten. Sie steckten unter seiner Haut und kitzelten. So lief es nach Hause, mächtig wütend und furchtbar kratzig.

Und von diesem Tag an bis heute hat jedes Rhinozeros große Falten in seiner Haut und sehr schlechte Laune, alles wegen der Kuchenkrümel innen drin.

Doch der Parse kam von seiner Palme herunter, den Hut auf dem Kopf, auf dem sich die Sonnenstrahlen in mehr als orientalischer Pracht spiegelten, nahm seinen Küchenofen huckepack und verschwand in Richtung **OROTAVO, AMYGDALA**, der Bergweiden von **ANTANANARIVO** und der **SÜMPFE VON SONAPUT**.

WIE DER LEOPARD SEINE FLECKEN BEKAM

In den Tagen, mein Herzensschatz, als alles gerecht zuging, wohnte der Leopard an einem Ort, der HOCHVELD hieß. Merk dir, es war nicht das Niedere Veld oder das Buschveld oder das Saure Veld, sondern nur das ausnehmend kahle, heiße, gleißende Hochveld, wo es Sand gab und sandfarbene Felsen und ausnehmend viele sandgelbliche Grasbüschel. Die Giraffe und das Zebra und der Kudu und die Elen- und die Kuhantilope wohnten dort; und sie waren alle ausnehmend sandgelbbräunlich von oben bis unten. Aber der Leopard war der ausnehmenste Sandgelbbräunlichste von allen – eine graugelbliche katzenförmige Art von Tier, und er glich der ausnehmend gelbgraubräunlichen Farbe des Hochvelds bis aufs Haar. Das war sehr schlecht für die Giraffe und das Zebra und die anderen, denn er legte sich immer

neben einen ausnehmend gelbgraubräunlichen Fels oder Busch, und wenn die Giraffe oder das Zebra oder das **ELAND** oder der Kudu oder der Busch- oder der Buntbock vorbeikamen, dann schreckte er sie aus ihrem springlustigen Leben auf. Und wie!

Und außerdem gab es da einen Äthiopier mit Pfeil und Bogen (ein durch und durch graubraungelblicher Mann war es), der lebte mit dem Leoparden auf dem Hochveld. Und die beiden gingen oft gemeinsam auf die Jagd – der Äthiopier mit Pfeil und Bogen und der Leopard allein mit seinen Zähnen und Krallen –, bis die Giraffe und die Elenantilope und der Kudu und die

Quagga-Muschel und alle Übrigen nicht mehr wussten, wohin sie noch springen sollten, mein Herzensschatz. Wirklich nicht.

Nach langer Zeit – damals lebten die Dinge unheimlich lange – lernten sie, allem aus dem Weg zu gehen, was wie ein Leopard oder Äthiopier aussah. Und Stück für Stück – die Giraffe fing an, weil sie die längsten Beine hatte – verließen sie das Hochveld. So krabbelten und trippelten und hoppelten sie tage- und tage- und tagelang, bis sie an einen großen Wald

kamen, ausnehmend voll von Bäumen und Büschen und streifig-schweifig-schneckig-scheckigen Schatten, und dort versteckten sie sich. Und wiederum nach langer Zeit, weil sie halb im Schatten und halb draußen standen und weil die schlüpfrig-schlierigen Schatten von den Bäumen auf sie herabfielen, wurde die Giraffe fleckig, und das Zebra wurde streifig, und die Elenantilope und der Kudu wurden dunkler mit kleinen welligen grauen Linien auf dem Rücken wie die Borke an einem Baumstamm. Und man konnte sie zwar noch hören und riechen, aber sie waren nur noch sehr selten zu sehen, und auch nur dann, wenn man genau wusste, wo man hingucken musste. Sie genossen ihr Leben in dem ausnehmend scheckig-schummrigen

Schatten des Waldes, während der Leopard und der Äthiopier draußen auf dem ausnehmend graugelbrötlichen Hochveld herumliefen und sich fragten,
wo all ihre Frühstücke und Mittagessen und ihre Tee-Imbisse abgeblieben waren. Am Ende waren sie so hungrig, dass sie Ratten und Käfer und Klippschliefer fraßen, der Leopard und der Äthiopier, und dann bekamen sie alle beide das große Magensausen. Und da trafen sie Babun, den hundsköpfigen bellenden Pavian, der so ziemlich das klügste Tier in ganz Südafrika ist.

Da sagte der Leopard zu Babun (es war an einem sehr heißen Tag): »Wo ist das ganze Jagdwild hingekommen?«

Und Babun zwinkerte. *Er* wusste es.

Da sagte der Äthiopier zu Babun: »Kannst du mir das gegenwärtige Habitat der einheimischen Fauna verraten?« (Das bedeutete genau das Gleiche, aber der Äthiopier gebrauchte immer lange Wörter. Er war ein Erwachsener.)

Und Babun zwinkerte. *Er* wusste es.

Dann sagte Babun: »Das Wild hat andere Flecken aufgesucht. Und mein Rat an dich, Leopard, ist, andere Flecken aufzusuchen, so schnell du kannst.«

Und der Äthiopier sagte: »Das ist alles schön und gut, aber ich würde gerne wissen, wohin die einheimische Fauna emigriert ist.«

Da sagte Babun: »Die einheimische Fauna hat sich der einheimischen Flora angeschlossen, weil es höchste Zeit für einen Wechsel war. Und mein Rat an dich, Äthiopier, ist, einen Wechsel vorzunehmen, so schnell du kannst.«

Das verwirrte den Leoparden und den Äthiopier, aber sie brachen auf, um nach der einheimischen Flora zu suchen, und alsbald, nach vielen, vielen Tagen, stießen sie plötzlich auf einen großen, hohen, weiten Wald voll von Baumstämmen, alle ausnehmend von Schatten gefleckt und getupft und gelupft und gemustert und gepunktet und gesprenkelt und kariert marmoriert. (Sag das mal ganz schnell und laut, und du wirst sehen, wie *überaus* schattig der Wald gewesen sein muss.)

»Was ist das«, fragte der Leopard, »was so ausnehmend dunkel und zugleich so voll von kleinen Fleckchen Licht ist?«

»Ich weiß es nicht«, sagte der Äthiopier, »aber es müsste die einheimische Flora sein. Ich kann Giraffe riechen und ich kann Giraffe hören, aber ich kann keine Giraffe sehen.«

»Das ist komisch«, sagte der Leopard. »Ich nehme an, das kommt daher, dass wir gerade erst aus der Sonne kommen. Ich kann Zebra riechen und ich kann Zebra hören, aber ich kann kein Zebra sehen.«

»Warte mal«, sagte der Äthiopier. »Es ist lange her, dass wir sie gejagt haben. Vielleicht haben wir vergessen, wie sie aussehen.«

»Quatsch!« sagte der Leopard. »Ich erinnere mich genau an sie, vor allem an ihre Markknochen. Die Giraffe ist ungefähr siebzehn Fuß hoch, von einem ausnehmend rötlichgoldenen Gelb von Kopf bis Fuß. Und das Zebra ist ungefähr viereinhalb Fuß hoch, von einer ausnehmend grauhellbraunen Farbe von Kopf bis Fuß.«

»Hmm«, sagte der Äthiopier und spähte in das scheckig-schummrige Dunkel des einheimischen Florawaldes. »Dann müssten sie sich vor diesem dunklen Ort wie reife Bananen in einer Räucherstube abheben.«

Aber das taten sie nicht. Der Leopard und der Äthiopier jagten den ganzen Tag, und obwohl sie die Tiere riechen und hören konnten, sahen sie nicht ein einziges.

»Du meine Güte«, sagte der Leopard zur Teezeit, »wir wollen warten, bis es dunkel wird. Diese Jagd bei Tageslicht ist ein echter Skandal.«

Also warteten sie, bis es dunkel wurde, und da hörte der Leopard ein Schnüffeln und Atmen im Sternenlicht, das in Streifen durch die Äste fiel, und er sprang auf das Geräusch zu, und es roch nach Zebra und es fühlte sich an wie Zebra und es schlug aus wie ein Zebra, als er es zu Boden warf, aber er konnte es nicht sehen. So sagte er: »Sei still, du Person ohne Gestalt. Ich werde bis zum Morgen auf deinem Kopf sitzen bleiben, denn mit dir ist etwas los, das ich nicht verstehe.«

Kurz darauf hörte er ein Grunzen und ein Krachen und ein Getümmel, und der Äthiopier rief: »Ich habe etwas gefangen, das ich nicht sehen kann. Es riecht wie eine Giraffe und es tritt wie eine Giraffe, aber es hat keine Gestalt.«

»Trau ihm nicht über den Weg«, sagte der Leopard. »Setz dich auf seinen Kopf bis zum Morgen – genau wie ich. Sie haben keine Gestalt – keiner von ihnen.«

Also setzten sie sich mit ihrem ganzen Gewicht auf sie, bis der Morgen erstrahlte, und da sagte der Leopard: »Was hast du an deinem Ende des Tisches, Bruder?«

Der Äthiopier kratzte sich am Kopf und sagte: »Es sollte von Kopf bis Fuß von einem ausnehmend rötlichen Gelbbraun sein, und es sollte eine Giraffe sein, aber es ist von oben bis unten mit kastanienbraunen Flecken bedeckt. Was hast du an *deinem* Ende des Tisches, Bruder?«

Und der Leopard kratzte sich am Kopf und sagte: »Es sollte von ausnehmend zartem Graugelb sein, und es sollte ein Zebra sein, aber es ist von vorne bis hinten mit lila und schwarzen Streifen bedeckt. Was um alles in der Welt hast du mit dir angestellt, Zebra? Weißt du nicht, dass ich dich auf dem Hochveld aus zehn Meilen Entfernung erkennen könnte? Du hast überhaupt keine Gestalt.«

»Ja«, sagte das Zebra, »aber das hier ist nicht das Hochveld. Siehst du das nicht?«

»Jetzt schon«, sagte der Leopard. »Aber gestern den ganzen Tag nicht. Wie macht man das?«

»Lasst uns aufstehen«, sagte das Zebra, »dann zeigen wir es euch.«

Sie ließen das Zebra und die Giraffe aufstehen, und das Zebra lief zu ein paar kleinen Dornbüschen, wo das Licht in Streifen hindurchfiel, und die Giraffe lief zu ein paar ziemlich hohen Bäumen, wo das Licht in Flecken herabfiel.

»Jetzt schaut«, sagten das Zebra und die Giraffe. »So macht man das. Eins – zwei – drei! Na, wo ist euer Frühstück?«

Der Leopard spähte angestrengt, und der Äthiopier spähte angestrengt, aber sie sahen nur streifige und fleckige Schatten im Wald und keine Spur von Zebra oder Giraffe. Die waren einfach weggegangen und hatten sich im schattigen Wald versteckt.

»Hihi!«, sagte der Äthiopier. »Das ist ein guter Trick, den man sich merken sollte. Lerne daraus, Leopard. Du fällst hier in diesem Dunkel auf wie ein Stück Seife in einem Kohleneimer.«

»Hoho!«, sagte der Leopard. »Würde es dich sehr überraschen, wenn du erführest, dass du in diesem Dunkel auffällst wie ein Senfpflaster auf einem Sack Kohlen?«

»Na ja, wir können uns gegenseitig beschimpfen, aber davon werden wir nicht satt«, sagte der Äthiopier. »Der langen Rede kurzer Sinn ist, dass wir nicht zu unserem Hintergrund passen. Ich werde Babuns Rat befolgen. Er hat mir gesagt, ich müsse einen Wechsel vornehmen, und da ich nichts anderes zum Wechseln habe als meine Haut, werde ich die wechseln.«

»In was?« fragte der Leopard überaus aufgeregt.

»In eine praktische schwärzlichbräunliche Farbe mit ein bisschen Lila drin und einem Hauch Schieferblau. Ideal, um sich in Höhlen und hinter Bäumen zu verstecken.«

Also wechselte er an Ort und Stelle seine Haut, und der Leopard war aufgeregter denn je – er hatte nie zuvor einen Mann seine Haut wechseln sehen.

»Aber was ist mit mir?«, fragte er, als der Äthiopier seinen letzten kleinen Finger in seine schöne neue schwarze Haut umgearbeitet hatte.

»Du folgst ebenfalls Babuns Rat. Er hat dir gesagt, du sollst neue Flecken suchen.«

»Das habe ich getan«, sagte der Leopard. »Ich bin an andere Flecken gegangen, so schnell ich konnte. Ich bin mit dir zu diesem Flecken hier gegangen, und was habe ich davon?«

»Ach«, sagte der Äthiopier, »Babun hat nicht Flecken in Südafrika gemeint. Er meinte Flecken auf deinem Fell.«

»Wozu soll das gut sein?« fragte der Leopard.

»Denk an die Giraffe«, sagte der Äthiopier. »Oder wenn du Streifen lieber hast, denk ans Zebra. Sie finden ihre Flecken und Streifen vollkommen zufriedenstellend.«

»Hmm«, machte der Leopard. »Ich möchte nicht wie das Zebra aussehen – jedenfalls nicht für immer.«

»Tja, dann entscheide dich«, sagte der Äthiopier, »denn ich fände es scheußlich, ohne dich auf die Jagd zu gehen, aber das muss ich, wenn du darauf bestehst, wie eine Sonnenblume vor einem geteerten Zaun auszusehen.«

»Dann nehme ich lieber Flecken«, sagte der Leopard. »Aber mach sie nicht so ordinär groß. Ich will nicht wie die Giraffe aussehen – nicht für immer.«

»Ich mache sie mit meinen Fingerspitzen«, sagte der Äthiopier. »Es ist noch eine Menge schwarzer Farbe auf meiner Haut übrig. Halt mal still!«

Der Äthiopier legte seine fünf Finger zusammen (er hatte noch jede Menge Schwarz auf seiner Haut übrig) und drückte die Fingerkuppen überall auf den Leoparden, und an jeder Stelle, wo die fünf Finger aufkamen, hinterließen sie fünf kleine schwarze Flecken, ganz dicht beieinander. Du kannst sie auf jedem beliebigen Leopardenfell sehen, mein Herzensschatz. Manchmal verrutschten die Finger, und die Flecken wurden ein wenig verschmiert; aber wenn du mal einen Leoparden genauer betrachtest, wirst du immer die fünf Punkte sehen – von fünf dicken schwarzen Fingerkuppen.

»Jetzt *bist* du vielleicht schön!«, sagte der Äthiopier. »Du kannst auf dem bloßen Boden liegen und siehst aus wie ein Haufen Kieselsteine. Du kannst auf dem nackten Fels liegen und siehst aus wie ein Puddingstein. Du kannst auf einem belaubten Ast liegen und siehst wie Sonnenschein zwischen den Blättern aus. Und du kannst einfach quer auf einem Weg liegen und fällst nicht weiter auf. Stell es dir vor und schnurre!«

»Aber wenn ich das alles bin«, sagte der Leopard, »warum bist du dann nicht auch fleckig geworden?«

»Ach, einfach nur schwarz ist für einen Äthiopier das Beste«, sagte dieser. »Jetzt komm, wir wollen sehen, ob wir es nicht Herrn Eins-zwei-drei-wo-ist-euer-Frühstück heimzahlen können!«

So zogen sie los, und wenn sie nicht gestorben sind, leben sie noch heute. Das ist alles.

Ach, manchmal wirst du Erwachsene sagen hören: »Kann der Äthiopier seine Haut oder der Leopard seine Flecken verändern?« Ich glaube, nicht einmal Erwachsene würden fortwährend

so etwas Dummes sagen, wenn der Leopard und der Äthiopier es damals nicht getan hätten – oder? Aber sie werden es nicht noch einmal tun, mein Herzensschatz. Sie sind vollkommen zufrieden, so wie sie sind.

DAS ELEFANTENKIND

In den lange heren, höchsten Zeiten hatte der Elefant, mein allerliebster Herzensschatz, keinen Rüssel. Er hatte nur eine schwärzliche Knubbelnase, groß wie ein Stiefel, mit der er hin und her wackeln, aber keine Sachen aufheben konnte.

Doch es gab *einen* Elefanten – ein Elefantenkind, einen kleinen neuen Elefanten –, der voll unersätzlicher Neugier war, und das bedeutet, dass er unheimlich viele Fragen stellte. *Und* er lebte in Afrika, und er füllte ganz Afrika mit seiner unersätzlichen Neugier. Er fragte seinen hochgewachsenen Onkel, den Vogel Strauß, warum seine Schwanzfedern so ulkig wuchsen, und sein großer Onkel, der Vogel Strauß, verhaute ihn mit seiner harten, harten Klaue. Er fragte seine hochgewachsene Tante, die Giraffe, was ihre Haut so fleckig gemacht hatte, und seine hochgewachsene Tante, die Giraffe, verhaute ihn mit ihrem harten, harten Huf. Aber der Elefant war immer noch voll unersätzlicher Neugier. Er fragte seine breite Tante, das Nilpferd, warum ihre Augen so rot waren, und seine breite Tante, das Nilpferd, verhaute ihn mit ihrem breiten, breiten Fuß; und er fragte seinen haarigen Onkel, den Pavian, warum Melonen gerade so schmeckten, und sein haariger Onkel, der Pavian, verhaute ihn mit seiner haarigen, haarigen Pfote. Und trotzdem war der Elefant immer noch voll unersätzlicher Neugier! Er stellte Fragen über alles, was er sah oder hörte oder fühlte oder roch oder berührte, und all seine Onkel und Tanten verhauten ihn. Und trotzdem war er voll unersätzlicher Neugier!

Eines schönen Morgens, mitten im Vorrücken der Tagundnachtgleichen, stellte dieses unersätzliche Elefantenkind eine Frage, die es noch nie gestellt hatte. Es fragte: »Was essen Krokodile zu Abend?«

Da sagten alle »Pssst« in lautem und drohendem Ton, und sie verhauten ihn sofort und unmittelbar und ziemlich lange, ohne anzuhalten.

Kurz darauf, als das erledigt war, traf der kleine Elefant auf den Kolokolo-Vogel, der mitten in einem Schwarzdornbusch saß, und sagte: »Mein Vater hat mich verhauen und meine

Mutter hat mich verhauen und all meine Tanten und Onkel haben mich verhauen wegen meiner unersätzlichen Neugier, aber ich will *immer noch* wissen, was das Krokodil zu Abend isst.«

Da sagte der Kolokolo-Vogel mit einem klagenden Schrei: »Geh ans Ufer des großen, graugrünen, grimmigen Limpopo-Flusses, der ganz von Fieberbäumen umsäumt ist, und finde es heraus.«

Gleich am nächsten Morgen, als von den Tagundnachtgleichen nichts mehr übrig war, weil das Vorrücken gemäß dem Vorausgehenden vorgerückt war, nahm dieses unersätzliche Elefantenkind hundert Pfund Bananen (von der kurzen roten Sorte) und hundert Pfund Zuckerrohr (von der langen lila Sorte) und siebzehn Melonen (von der grünen, knackigen Sorte) und sagte zu all seinen lieben Verwandten: »Auf Wiedersehen. Ich gehe zum großen, graugrünen, grimmigen Limpopo-Fluss,

der ganz von Fieberbäumen umsäumt ist, um herauszufinden, was das Krokodil zu Abend isst.« Und da verhauten sie ihn alle zusammen noch einmal, das sollte Glück bringen – obwohl er sie äußerst höflich bat, damit aufzuhören.

Dann ging er weg, ein wenig erhitzt, aber nicht im Geringsten überrascht, und aß Melonen und warf die Schale in die Gegend, denn er konnte sie ja nicht aufheben.

Er wanderte von Graham's Town nach Kimberley und von Kimberley nach Khamaland, und von Khamaland ging er nach

Nordosten, und er aß die ganze Zeit Melonen, bis er schließlich ans Ufer des großen, graugrünen, grimmigen Limpopo-Flusses kam, der ganz von Fieberbäumen umsäumt war, genau wie der Kolokolo-Vogel gesagt hatte.

Jetzt musst du aber wissen, mein allerliebster Herzensschatz, dass dieses unersätzliche Elefantenkind bis zu dieser Woche und diesem Tag und dieser Stunde und dieser Minute noch nie ein Krokodil gesehen hatte und nicht wusste, wie es aussah. Das lag an seiner unersätzlichen Neugier.

Als Allererstes fand er eine zwiefarbene Felsenpython, die um einen Felsen gewickelt war.

»Tschuldigung«, sagte das Elefantenkind äußerst höflich, »aber haben Sie so etwas wie ein Krokodil in dieser prominenten Gegend gesehen?«

»*Habe* ich ein Krokodil gesehen?«, sagte die zwiefarbene Felsenpython mit drohend verächtlicher Stimme. »Was willst du wohl als Nächstes wissen?«

»Tschuldigung«, sagte das Elefantenkind, »aber könnten Sie mir liebenswürdigerweise sagen, was es zu Abend isst?«

Da wickelte sich die zwiefarbene Felsenpython sehr geschwind vom Felsen ab und verhaute das Elefantenkind mit ihrem schuppigen, ruppigen Schwanz.

»Das ist komisch«, sagte das Elefantenkind, »denn mein Vater und meine Mutter und mein Onkel und meine Tante, ganz zu schweigen von meiner anderen Tante, dem Nilpferd, und meinem anderen Onkel, dem Pavian, haben mich alle wegen meiner unersätzlichen Neugier verhauen – und ich nehme an, das hier ist das Gleiche.«

Also sagte er sehr höflich Auf Wiedersehen zu der zwiefarbenen Felsenpython und half, sie wieder um den Felsen zu wickeln, und ging weiter, ein wenig erhitzt, aber keineswegs überrascht, und aß dabei Melonen und warf die Schale in die Gegend, weil er sie nicht aufheben konnte, bis er schließlich direkt am Ufer des großen, graugrünen, grimmigen Limpopo-Flusses, der ganz von Fieberbäumen umsäumt war, auf etwas trat, was er für einen Baumstamm hielt.

Aber in Wirklichkeit war es das Krokodil, mein Herzensschatz, und das Krokodil zwinkerte mit einem Auge – etwa so!

»Tschuldigung«, sagte das Elefantenkind äußerst höflich, »aber haben Sie zufällig ein Krokodil in dieser prominenten Gegend gesehen?«

Da zwinkerte das Krokodil mit dem anderen Auge und hob halb seinen Schwanz aus dem Schlamm, und das Elefantenkind machte äußerst höflich einen Schritt zurück, weil es nicht wieder verhauen werden wollte. »Komm hierher, Kleiner«, sagte das Krokodil. »Warum fragst du solche Sachen?«

»Tschuldigung«, sagte das Elefantenkind äußerst höflich, »aber mein Vater hat mich verhauen, meine Mutter hat mich verhauen, ganz zu schweigen von meinem hochgewachsenen Onkel, dem Vogel Strauß, und meiner hochgewachsenen Tante, der Giraffe, die furchtbar fest zutreten kann, sowie meiner breiten Tante, dem Nilpferd, und meinem haarigen Onkel, dem Pavian, *und* einschließlich der zwiefarbenen Felsenpython oben am Ufer mit dem schuppigen, ruppigen Schwanz, die fester zuhaut als die alle, und wenn es Sie also nicht stört, möchte ich bitte nicht mehr verhauen werden.«

»Komm hierher, Kleiner«, sagte das Krokodil, »denn ich bin das Krokodil.« Und zum Beweis, dass das stimmte, weinte es Krokodilstränen.

Da verschlug es dem Elefantenkind den Atem, und es keuchte und ging am Ufer auf die Knie und sagte: »Sie sind genau die Person, die ich seit Tagen suche. Würden Sie mir bitte sagen, was Sie zu Abend essen?«

»Komm hierher, mein Kleiner«, sagte das Krokodil, »dann flüstere ich es dir ins Ohr.«

Da hielt das Elefantenkind seinen Kopf ganz nah an das rissige, bissige Maul des Krokodils, und das Krokodil packte es an seinem Näschen, das bis zu dieser Woche, diesem Tag, dieser Stunde und Minute nicht größer als ein Stiefel gewesen war, wenn auch bedeutend nützlicher.

»Ich glaube«, sagte das Krokodil – und es sagte das mit zusammengebissenen Zähnen, etwa so: »Ich glaube, heute werde ich mit Elefantenkind anfangen!«

Das, mein allerliebster Herzensschatz, fand das Elefantenkind sehr ärgerlich, und es sagte durch die Nase – etwa so: »Lass bich los! Du tust bir weh!«

Da schlängelte die zwiefarbene Felsenpython vom Hochufer herunter und sagte: »Junger Freund, wenn du jetzt nicht sofort und unverzüglich ziehst, so fest du kannst, dann wird dich, meiner Einschätzung nach, dein Bekannter im großgemusterten Ledermantel« (und damit meinte sie das Krokodil) »in jenen klaren Strom zerren, ehe du Jack Robinson sagen kannst.« (So reden zwiefarbene Felsenpythons immer.)

Da setzte sich das Elefantenkind auf seine kleinen Hinterbacken und zog und zog und zog, und seine Nase fing an sich zu dehnen. Und das Krokodil strampelte ins Wasser und machte es ganz schaumig, indem es seinen Schwanz hin und her peitschte, und seinerseits zog und zog und zog es auch.

Und die Nase des Elefantenkinds dehnte sich immer mehr, und das Elefantenkind streckte seine vier kleinen Beine von sich und zog und zog und zog, und seine Nase dehnte sich noch mehr, und das Krokodil drosch mit seinem Schwanz aufs Wasser wie mit einem Ruder, und es zog seinerseits und zog und zog. Und bei jedem Ruck wurde die Nase des Elefantenkinds länger und länger – und sie tat ihm schauderhaft weh.

Da merkte das Elefantenkind, dass seine Beine ins Rutschen kamen, und es sagte durch die Nase, die inzwischen schon beinahe einen Meter lang war: »Das wird bir allbählich zu viel!«

Da kam die zwiefarbene Felsenpython vom Hochufer herunter und knotete sich mit einem doppelten Weberknoten um die Hinterbeine des Elefantenkinds und sagte: »Voreiliger und unerfahrener Reisender, wir werden uns nun ernsthaft ein wenig der Hochspannung widmen, denn andernfalls, so dünkt es mich, wird jenes selbst angetriebene Kriegsschiff mit dem gepanzerten Oberdeck« (und damit, mein allerliebster Herzensschatz, meinte sie das Krokodil) »dauerhaft deine zukünftige Laufbahn beeinträchtigen.« (So reden alle Felsenpythons immer.)

Also zog sie, und das Elefantenkind zog, und das Krokodil zog, aber das Elefantenkind und die zwiefarbene Felsenpython zogen stärker, und schließlich ließ das Krokodil mit einem *Plopp*, den man den ganzen Limpopo hinauf und hinunter hören konnte, die Nase des Elefantenkinds los.

Da setzte sich der kleine Elefant ganz hart und ganz plötzlich nieder, aber zuerst achtete er darauf, zur zwiefarbenen Felsenpython »Danke« zu sagen, und dann war er lieb zu seiner armen, lang gezogenen Nase und wickelte sie ganz in kühle Bananenblätter und hängte sie zur Kühlung in den großen graugrünen, grimmigen Limpopo.

»Wofür machst du denn das?«, fragte die zwiefarbene Felsenpython.

»Tschuldigung«, sagte das Elefantenkind, »aber meine Nase ist gar nicht gut in Form, und ich warte darauf, dass sie wieder einläuft.«

»Da kannst du lange warten«, sagte die zwiefarbene Felsenpython. »Manche Leute wissen einfach nicht, was gut für sie ist.«

Der kleine Elefant blieb drei Tage lang sitzen und wartete darauf, dass seine Nase einlief. Aber sie wurde kein bisschen kürzer, und außerdem brachte ihn das zum Schielen. Denn, mein allerliebster Herzensschatz, du wirst einsehen und verstehen, dass das Krokodil sie zu einem richtigen, echten Rüssel lang gezogen hatte, so wie ihn heutzutage alle Elefanten haben.

Am Ende des dritten Tages kam eine Fliege und stach ihn in die Schulter, und ehe er wusste, was er tat, hob er seinen Rüssel und schlug sie mit dessen Ende tot.

»Vorteil Nummer eins!«, sagte die zwiefarbene Felsenpython. »Das hättest du mit einer popeligen Rotznase nicht gekonnt. Jetzt versuch ein wenig zu essen.«

Ohne zu merken, was er tat, streckte der kleine Elefant den Rüssel aus und rupfte ein großes Grasbüschel aus, klopfte es an seinen Vorderbeinen sauber und stopfte es sich in den Mund.

»Vorteil Nummer zwei!«, sagte die zwiefarbene Felsenpython. »Das hättest du mit einer popeligen Rotznase nicht gekonnt. Findest du die Sonne nicht auch sehr heiß hier?«

»Stimmt«, sagte der kleine Elefant, und ohne zu merken, was er tat, schlürfte er einen Schlammschlurf vom Ufer des großen graugrünen, grimmigen Limpopo und klatschte ihn sich auf den Kopf, wo er eine kühle, schlurfige, schlabbrige Schlammmütze bildete, die sich hinter den Ohren ganz tröpflig anfühlte.

»Vorteil Nummer drei!«, sagte die zwiefarbene Felsenpython. »Das hättest du mit einer popeligen Rotznase nicht hingebracht. Jetzt – wie stehst du dazu, wieder verhauen zu werden?«

»Tschuldigung«, sagte das Elefantenkind, »aber das würde mir überhaupt nicht gefallen.«

»Wie würde es dir gefallen, jemanden zu verhauen?«, fragte die zwiefarbene Felsenpython.

»Das würde mir allerdings sehr gefallen«, sagte das Elefantenkind.

»Nun«, sagte die zwiefarbene Felsenpython, »du wirst merken, dass deine neue Nase sehr nützlich ist, um Leute zu verhauen.«

»Danke«, sagte das Elefantenkind, »das werde ich mir merken. Und jetzt gehe ich, glaube ich, nach Hause zu meinen lieben Verwandten und probiere es.«

Also ging der kleine Elefant quer durch Afrika nach Hause und schwenkte und schlenkerte seinen Rüssel. Wenn er Obst essen wollte, pflückte er eine Frucht vom Baum, statt wie früher zu warten, bis sie herunterfiel. Wenn er Lust auf Gras hatte, rupfte er Gras am Boden ab, statt wie früher in die Knie zu gehen. Wenn ihn die Fliegen stachen, brach er einen Ast ab und benutzte ihn als Fliegenwedel, und er machte sich eine kühle, schlurfige, schlabbrige Schlammmütze, wann immer die Sonne heiß schien. Wenn er sich auf seinem Weg durch Afrika einsam fühlte, sang er durch seinen Rüssel vor sich hin, und das klang lauter als mehrere Blaskapellen zusammen. Er machte extra einen Umweg, um ein breites Nilpferd zu finden (es war nicht mit ihm verwandt), und er verhaute es richtig doll, um sicherzugehen, dass die zwiefarbene Felsenpython die Wahrheit über seinen neuen Rüssel gesagt hatte. In der übrigen Zeit hob er die Melonenschalen auf, die er auf dem Weg zum Limpopo hatte fallen lassen – denn er war ein säuberlicher Dickhäuter.

Eines dunklen Abends kam er zu all seinen lieben Verwandten zurück, und er rollte seinen Rüssel auf und sagte: »Wie geht's?«

Sie freuten sich sehr, ihn zu sehen, und sagten sofort: »Komm her und lass dich verhauen für deine unersätzliche Neugier!«

»Puh«, sagte der kleine Elefant, »ich glaube nicht, dass ihr Leute irgendetwas vom Verhauen versteht, aber *ich* schon, und ich werde es euch zeigen.« Dann entrollte er seinen Rüssel und schubste zwei seiner lieben Brüder, sodass sie sich überschlugen.

»Heiliger Bimbam«, sagten sie, »wo hast du den Trick gelernt, und was ist mit deiner Nase passiert?«

»Ich habe vom Krokodil am Ufer des großen, graugrünen, grimmigen Limpopo-Flusses eine neue bekommen«, sagte das Elefantenkind. »Ich habe es gefragt, was es zu Abend isst, und es hat sie mir zum Andenken gegeben.«

»Sie sieht sehr hässlich aus«, sagte sein haariger Onkel, der Pavian.

»Stimmt«, sagte der kleine Elefant. »Aber sie ist sehr nützlich.« Und er hob seinen Onkel, den haarigen Pavian, an einem Bein hoch und setzte ihn in ein Hornissennest.

Dann verhaute dieser böse kleine Elefant ganz lange alle seine lieben Verwandten, bis sie sehr erhitzt und höchst verwundert waren. Er riss seinem hochgewachsenen Onkel, dem Vogel Strauß, die Schwanzfedern aus, und er packte seine hochgewachsene Tante, die Giraffe, am Hinterbein und schleifte sie durch einen Dornbusch, und er schrie seine Tante, das breite Nilpferd, an und blies ihr Blasen ins Ohr, wenn sie nach dem

Essen im Wasser schlief, aber niemand durfte sich am Kolokolo-Vogel vergreifen.

Schließlich wurde alles so aufregend, dass seine lieben Verwandten einer nach dem anderen zum Ufer des großen graugrünen, grimmigen Limpopo-Flusses davoneilten, der ganz von Fieberbäumen umsäumt war, um sich neue Nasen vom

Krokodil zu leihen. Als sie zurückkamen, verhaute keiner keinen mehr, und seit dem Tag, mein allerliebster Herzensschatz, haben alle Elefanten, die du je sehen wirst, neben all denen, die du nicht sehen wirst, genau solche Rüssel wie das unersätzliche Elefantenkind.

DER SINGSANG DES ALTEN HERRN KÄNGURU

Nicht immer sah das Känguru so aus wie heute, es war früher ein anderes Tier mit vier kurzen Beinen. Es war grau und es war wollig und es war ungeheuer eingebildet: Es tanzte auf einem nackten Fels mitten in Australien und es ging zum Kleinen Gott Nqa.

Es ging zu Nqa um sechs Uhr vor dem Frühstück und sagte: »Mach mich gefälligst bis heute Nachmittag um fünf anders als alle anderen Tiere.«

Nqa sprang von seinem Sitz in der Sandebene auf und brüllte: »Geh weg!«

Es war grau und es war wollig und es war ungeheuer eingebildet: Es tanzte auf einem Felsvorsprung mitten in Australien und es ging zum Mittleren Gott Nqing.

Es ging zu Nqing um acht Uhr nach dem Frühstück und sagte: »Mach mich gefälligst bis heute Nachmittag um fünf anders als alle anderen Tiere und mach mich außerdem wundervoll beliebt.«

Auf sprang Nqing aus seinem Unterschlupf im Stachelkopfgras und brüllte: »Geh weg!«

Es war grau und es war wollig und es war ungeheuer eingebildet: Es tanzte auf einer Sanddüne mitten in Australien und es ging zum Großen Gott Nqong.

Es ging zu Nqong um zehn Uhr vor dem Mittagessen und sagte: »Mach mich bis heute Nachmittag um fünf anders als alle

anderen Tiere, mach mich wundervoll beliebt und mach, dass alle mir nachlaufen.«

Auf sprang Nqong aus seinem Bad im Salzsee und brüllte: »Ja, das mache ich!«

Nqong rief Dingo – den gelben Hund Dingo, immer hungrig, staubig im Sonnenschein – und zeigte ihm das Känguru. Nqong sagte: »Dingo! Wach auf, Dingo! Siehst du den Herrn da, der in einem Aschegraben tanzt? Er will beliebt sein, und alle sollen ihm nachlaufen. Dingo, mach das wahr!«

Auf sprang Dingo – der gelbe Hund Dingo – und sagte: »Was? Das Katzenkarnickel?«

Los rannte Dingo – der gelbe Hund Dingo, immer hungrig, grinsend wie ein Kohlekasten –, rannte hinter dem Känguru her.

Los sauste das eingebildete Känguru auf seinen vier Beinchen wie ein Hase.

Hier, mein Herzensschatz, endet der erste Teil der Geschichte.

Es rannte durch die Wüste, es rannte durch die Berge, es rannte durch die Salzseen, es rannte durch das Schilfröhricht, es rannte durch die Eukalyptuswälder, es rannte durch das Stachelkopfgras, es rannte, bis seine Vorderbeine wehtaten.

Es musste!

Immer noch rannte Dingo – der gelbe Hund Dingo, immer hungrig, grinsend wie eine Rattenfalle –, kam nie näher, fiel nie zurück, rannte hinter dem Känguru her.

Er musste!

Immer noch rannte das Känguru – der alte Herr Känguru. Er rannte durch die Teebäume, er rannte durch die Akazien-

sträucher, er rannte durchs hohe Gras, er rannte durchs kurze Gras, er rannte durch die Wendekreise von Steinbock und Krebs, er rannte, bis seine Hinterbeine wehtaten.

Er musste!

Immer noch rannte Dingo – der gelbe Hund Dingo, hungriger und hungriger, grinsend wie ein Pferdegeschirr –, kam nie näher, fiel nie zurück, und sie kamen zum Wollgong-Fluss.

Tja, da gab es keine Brücke und da gab es keine Fähre, und das Känguru wusste nicht, wie es hinüberkommen sollte. Also stellte es sich auf die Hinterbeine und hüpfte.

Es musste!

Es hüpfte durch Berg und Bach, es hüpfte durch die Wüsten in der Mitte von Australien. Es hüpfte wie ein Känguru.

Erst hüpfte es einen Meter, dann hüpfte es drei Meter, dann hüpfte es fünf Meter, und seine Beine wurden kräftiger und seine Beine wurden länger. Es hatte keine Zeit für eine Rast oder eine kleine Erfrischung, und beides brauchte es sehr dringend.

Immer noch rannte Dingo – der gelbe Hund Dingo –, sehr verwirrt, sehr hungrig, und fragte sich, was zum Kuckuck oder zum Emu den alten Herrn Känguru so hüpfen ließ.

Denn er hüpfte wie eine Heuschrecke, wie eine Erbse in der Pfanne oder wie ein neuer Gummiball auf dem Kinderzimmerfußboden.

Er musste!

Er lüpfte die Vorderbeine, er hüpfte auf den Hinterbeinen, er streckte den Schwanz als Gegengewicht nach hinten und er hüpfte durch die DARLING-DOWNS.

Er musste!

Immer noch rannte Dingo – der müde Hund Dingo –, hungriger und hungriger, sehr verwirrt, und fragte sich, wann zum Kuckuck oder zum Emu der alte Herr Känguru aufhören würde.

Da kam Nqong aus seinem Bad in den Salzseen und sagte: »Es ist fünf Uhr.«

Nieder setzte sich Dingo –, der arme Hund Dingo, immer hungrig, staubig im Sonnenschein – ließ die Zunge heraushängen und heulte.

Nieder setzte sich Känguru – der alte Herr Känguru –, streckte seinen Schwanz wie einen Melkschemel hinter sich und sagte: »Gott sei Dank ist *das* vorbei!«

Da sagte Nqong, der immer vornehm ist: »Warum bist du dem gelben Hund Dingo nicht dankbar? Warum zeigst du dich nicht erkenntlich für alles, was er für dich getan hat?«

Da sagte das Känguru – das müde, alte Känguru: »Er hat mich aus der Heimat meiner Kindheit verjagt, er hat mich aus meinen regelmäßigen Mahlzeiten verjagt, er hat meine Form verändert, sodass ich nie mehr werde wie früher, und er hat mit meinen Beinen Schindluder getrieben.«

Da sagte Nqong: »Vielleicht irre ich mich, aber hast du mich nicht gebeten, dich anders zu machen als alle anderen Tiere, und dafür zu sorgen, dass man dir wirklich und wahrhaftig nachläuft? Und jetzt ist es fünf Uhr.«

»Ja«, sagte das Känguru. »Es wäre mir lieber, ich hätte das nicht getan. Ich dachte, du würdest es mit Amuletten und Zaubersprüchen machen, aber das hier ist ja ein böser Streich.«

»Streich!«, sagte Nqong aus seinem Bad im blauen Eukalyptus. »Sag das noch einmal, dann pfeife ich nach Dingo und er rennt dir die Hinterbeine ab.«

»Nein«, sagte das Känguru, »ich muss mich entschuldigen. Beine sind Beine, und was mich angeht, so brauchst du sie nicht zu verändern. Ich wollte Eurer Hoheit nur erklären, dass ich seit heute früh nichts zu essen hatte, und mir ist wirklich sehr flau.«

»Ja«, sagte Dingo – der gelbe Hund Dingo –, »ich bin genau in der gleichen Lage. Ich habe ihn anders gemacht als alle anderen Tiere, aber was kriege ich zum Tee?«

Da sagte Nqong aus seinem Bad im Salzsee: »Kommt mich das morgen fragen, denn ich wasche mich jetzt.«

So blieben sie in der Mitte von Australien zurück, der alte Herr Känguru und der gelbe Hund Dingo, und einer sagte zum andern: »Du bist schuld.«

DIE ERSTEN GÜRTELTIERE

Dies, mein allerliebster Herzensschatz, ist wieder eine Geschichte aus alten und großen Zeiten. Genau in der Mitte dieser Zeiten gab es einen stichlig-stachligen Igel, und er lebte am Ufer des trüben Amazonas und er aß Schnecken aus der Schale und so was. Und er hatte eine Freundin, eine träg-stabile Schildkröte, die am Ufer des trüben Amazonas lebte und grünen Salat und so was fraß. Und das war ja ganz richtig so, mein Herzensschatz. Verstehst du?

Aber außerdem lebte gleichzeitig in jenen alten und großen Zeiten ein bunter Jaguar, und er lebte auch am Ufer des trüben Amazonas, und er fraß alles, was er fangen konnte. Wenn er keine Rehe oder Affen fangen konnte, fraß er Frösche und Käfer, und wenn er keine Frösche und Käfer fangen konnte, ging er zu seiner Jaguarmutter, und sie erklärte ihm, wie man Igel und Schildkröten frisst.

Sie schwenkte anmutig ihren Schwanz und wiederholte viele, viele Male: »Mein Sohn, wenn du einen Igel findest, musst du ihn ins Wasser werfen, dann entrollt er sich, und wenn du eine Schildkröte fängst, dann musst du sie mit der Tatze aus ihrem

Panzer herausschaufeln.« Und das war ganz richtig so, mein Herzensschatz.

Einst an einem wunderschönen Abend fand Buntjaguar am Ufer des trüben Amazonas den Stichel-Stachel-Igel und die träg-stabile Schildkröte unter einem umgefallenen Baumstamm sitzen. Sie konnten nicht weglaufen, deshalb rollte Stichel-Stachel sich zu einer Kugel zusammen, weil er ein Igel war, und die träg-stabile Schildkröte zog ihren Kopf und ihre Füße in ihren Panzer zurück, so weit es irgend ging, weil sie eine Schildkröte war. Und das war ganz richtig so, mein Herzensschatz. Verstehst du?

»Jetzt passt mal auf«, sagte Buntjaguar, »das ist nämlich sehr wichtig. Meine Mutter hat gesagt, wenn ich einen Igel treffe, soll ich ihn ins Wasser werfen, dann entrollt er sich, und wenn ich eine Schildkröte treffe, dann soll ich sie mit der Tatze aus ihrem Panzer herausschaufeln. Wer von euch ist jetzt der Igel und wer die Schildkröte? Denn ich kann es bei meinen besten Flecken nicht entscheiden.«

»Bist du dir ganz sicher, was deine Mami dir gesagt hat?«, fragte der Stichel-Stachel-Igel. »Bist du dir ganz sicher? Vielleicht hat sie gesagt: Wenn du eine Schildkröte entrollst, musst du sie mit einem Panzer aus dem Wasser schaufeln, und wenn du einen Igel betatschst, musst du ihn auf den Panzer werfen.«

»Bist du dir sicher, was deine Mami dir gesagt hat?«, fragte die träg-stabile Schildkröte. »Bist du ganz sicher? Vielleicht hat sie gesagt: Wenn du einen Igel wässerst, musst du ihn dir in die Pfote werfen, und wenn du eine Schildkröte triffst, musst du sie panzern, bis sie sich entrollt.«

»Ich glaube ganz und gar nicht, dass es so war«, sagte Buntjaguar, aber er war ein wenig durcheinander. »Aber sagt es doch noch mal ganz deutlich.«

»Wenn du mit der Tatze Wasser schaufelst, dann entrollst du es mit einem Igel«, sagte Stichel-Stachel. »Vergiss das nicht, das ist nämlich wichtig.«

»Aber«, sagte die Schildkröte, »wenn du dein Fleisch betatschst, wirfst du es mit der Schaufel in eine Schildkröte. Warum begreifst du das nicht?«

»Mir tun meine Flecken schon ganz weh«, sagte Buntjaguar, »und außerdem wollte ich überhaupt keine Ratschläge von euch. Ich wollte bloß wissen, wer der Igel und wer die Schildkröte ist.«

»Das verrate ich dir nicht«, sagte Stichel-Stachel, »aber du kannst mich aus meinem Panzer schaufeln, wenn du magst.«

»Aha«, sagte Buntjaguar. »Jetzt weiß ich, dass du die Schildkröte bist. Du hast gedacht, das kriege ich nicht raus. Jetzt mach ich's.« Buntjaguar streckte seine Patschetatze gerade in dem Augenblick aus, als Stichel-Stachel sich zusammenrollte, und natürlich war da die Patschetatze des Jaguars voller Stacheln.

Was noch schlimmer war: Er stieß Stichel-Stachel weit weg ins Unterholz und ins Gebüsch, wo es zu dunkel war, um ihn wiederzufinden. Da steckte er seine Patschetatze in den Mund, und da taten ihm die Stacheln natürlich noch schlimmer weh als zuvor. Sobald er wieder sprechen konnte, sagte er: »Jetzt weiß ich, dass das überhaupt keine Schildkröte war. Aber –«, und er kratzte sich mit der unstachligen Tatze am Kopf, »woher soll ich denn wissen, ob dieses andere eine Schildkröte ist?«

»Aber ich *bin* eine Schildkröte«, sagte Trägstabil. »Deine Mutter hatte vollkommen recht. Sie hat gesagt, du sollst mich mit der Tatze aus meinem Panzer schaufeln. Fang an.«

»Gerade eben hast du nicht gesagt, dass sie das gesagt hat«, sagte Buntjaguar und saugte die Stacheln aus seiner Patschetatze. »Du hast gesagt, sie hätte etwas ganz anderes gesagt.«

»Nun, nehmen wir an, du sagst, ich hätte gesagt, sie habe etwas ganz anderes gesagt, so sehe ich nicht, was das für eine Rolle spielt. Denn wenn sie gesagt hat, was du sagst, ich hätte gesagt, sie habe gesagt, ist es genau dasselbe, wie wenn ich gesagt hätte, was sie gesagt hat, was sie gesagt habe. Andererseits, wenn du meinst, sie habe gesagt, du sollst mich mit der Schaufel entrollen, statt mich mit dem Panzer in Würfe zu tatschen, dann kann ich auch nichts dagegen machen, oder?«

»Aber du hast gesagt, ich soll dich mit der Pfote aus deinem Panzer schaufeln«, sagte Buntjaguar.

»Wenn du dir das noch mal gut überlegst, wirst du bemerken, dass ich nichts dergleichen gesagt habe. Ich habe gesagt, dass deine Mutter gesagt hat, du sollest mich aus meinem Panzer herausschaufeln«, sagte Trägstabil.

»Was passiert, wenn ich das mache?«, fragte der Jaguar sehr hochnäsig und sehr vorsichtig.

»Das weiß ich nicht, weil ich noch nie aus meinem Panzer herausgeschaufelt worden bin, aber ich sage dir aufrichtig: Wenn du sehen willst, wie ich wegschwimme, brauchst du mich bloß ins Wasser zu werfen.«

»Das glaube ich dir nicht«, sagte Buntjaguar. »Du hast all die Sachen, die meine Mutter mir aufgetragen hat, mit den Sachen zusammengemischt, über die du gefragt hast, ob ich sicher bin, dass sie sie nicht gesagt hat, sodass ich jetzt nicht mehr weiß, ob ich auf dem Kopf oder auf meinem bunten Schwanz stehe. Und jetzt kommst du und erzählst mir etwas, das ich verstehen *kann,* und das bringt mich noch mehr durcheinander. Meine Mutter hat mir gesagt, ich soll einen von euch beiden ins Wasser werfen, und da du so wild darauf bist, geworfen zu werden, glaube ich, du willst in Wirklichkeit nicht geworfen werden. Also springst du jetzt in den trüben Amazonas, und zwar schnell.«

»Ich warne dich, das wird deiner Mutter nicht gefallen. Erzähl ihr nicht, ich hätte es dir nicht gesagt«, sagte Trägstabil.

»Wenn du noch *ein* Wort darüber sagst, was meine Mutter gesagt hat –«, erwiderte der Jaguar, aber er hatte den Satz noch nicht beendet, da tauchte Trägstabil geräuschlos in den trüben Amazonas, schwamm eine weite Strecke unter Wasser und kam an dem Ufer wieder heraus, wo Stichel-Stachel auf sie wartete.

»Das war knapp«, sagte Stichel-Stachel. »Ich mag Buntjaguar nicht. Was hast du ihm gesagt, was du bist?«

»Ich habe ihm wahrheitsgemäß gesagt, dass ich eine wahrheitsliebende Schildkröte bin, aber er wollte es nicht glauben, und er hat mich gezwungen, in den Fluss zu springen, um zu sehen, ob ich eine bin. Und ich bin eine, und jetzt staunt er. Jetzt geht er und sagt es seiner Mami. Hör ihn dir an!«

Sie konnten hören, wie Buntjaguar zwischen den Bäumen am Ufer des trüben Amazonas auf und ab rannte und brüllte, bis seine Mami kam.

»Mein Sohn, mein Sohn«, sagte seine Mutter viele, viele Male und schwenkte anmutig ihren Schwanz. »Was hast du getan, das du nicht hättest tun sollen?«

»Ich habe versucht, etwas zu schaufeln, das gesagt hat, es wolle mit meiner Tatze aus seinem Panzer geschaufelt werden, und jetzt ist meine Pfote voller Stacheln«, sagte Buntjaguar.

»Mein Sohn, mein Sohn«, sagte seine Mutter viele, viele Male und schwenkte anmutig ihren Schwanz, »an den Stacheln in deiner Patschetatze sehe ich, dass das ein Igel gewesen sein muss. Den hättest du ins Wasser werfen sollen.«

»Das habe ich mit dem anderen Ding gemacht, und das hat gesagt, es sei eine Schildkröte, und ich habe ihr nicht geglaubt, aber es stimmte, und sie ist im trüben Amazonas untergetaucht und kommt nicht wieder hoch, und ich habe überhaupt nichts zu essen, und ich glaube, wir sollten umziehen. Am trüben Amazonas sind sie einfach zu schlau für mich Armen.«

»Mein Sohn, mein Sohn«, sagte seine Mutter viele, viele Male und schwenkte anmutig ihren Schwanz, »jetzt pass mal gut auf und merke dir, was ich sage. Ein Igel rollt sich zu einer Kugel zusammen, und seine Stacheln stehen nach allen Richtungen ab. Daran erkennst du den Igel.«

»Ich mag diese alte Dame kein bisschen«, sagte Stichel-Stachel im Schatten eines großen Blatts. »Ich frage mich, was sie sonst noch weiß.«

»Eine Schildkröte kann sich nicht zusammenrollen«, fuhr Mutter Jaguar viele, viele Male fort und schwenkte anmutig ihren Schwanz. »Sie zieht bloß ihren Kopf und ihre Beine in ihren Panzer zurück. Daran erkennst du die Schildkröte.«

»Ich mag diese alte Dame kein bisschen – kein bisschen«, sagte die träg-stabile Schildkröte. »Nicht einmal Buntjaguar kann diese Anweisungen vergessen. Es ist jammerschade, dass du nicht schwimmen kannst, Stichel-Stachel.«

»Ach, hör doch auf«, sagte Stichel-Stachel. »Denk doch mal, wie viel besser es wäre, wenn du dich zusammenrollen könntest. Das ist vielleicht ein Schlamassel! Hör dir bloß Buntjaguar an!«

Buntjaguar saß am Ufer des trüben Amazonas, saugte Stacheln aus seiner Pfote und sagte vor sich hin:

»Kann sich nicht zusammenrollen, aber es schwimmt.
Das ist die Schildkröte. Ja, das stimmt.
Rollt sich zusammen, aber kann nicht schwimmen.
Das ist der Igel, so muss es stimmen.«

»Das wird er ewig und drei Tage nicht vergessen«, sagte Stichel-Stachel. »Stütz mein Kinn, Trägstabil. Ich versuche jetzt schwimmen zu lernen. Das könnte nützlich sein.«

»Hervorragend«, sagte Trägstabil – und stützte Stichel-Stachels Kinn, während Stichel-Stachel in den Wassern des trüben Amazonas strampelte.

»Du wirst noch ein richtig guter Schwimmer«, sagte Trägstabil. »Wenn du vielleicht jetzt meine Rückenplatten ein wenig aufschnüren könntest, dann will ich einmal probieren, wie das mit dem Zusammenrollen geht. Das könnte nützlich sein.«

Stichel-Stachel half die Rückenplatten der Schildkröte aufzuschnüren, sodass Trägstabil es mit einigem Drehen und Dehnen schaffte, sich ein klitzekleines bisschen zusammenzurollen.

»Hervorragend«, sagte Stichel-Stachel. »Aber ich würde an deiner Stelle jetzt nicht mehr weitermachen. Du wirst ganz blau im Gesicht. Sei so nett und führe mich noch einmal ins Wasser, dann übe ich den Seitwärtsstoß, von dem du gesagt hast, er sei so leicht.« Und so übte Stichel-Stachel, und Trägstabil schwamm nebenher.

»Hervorragend!«, sagte Trägstabil. »Mit ein bisschen mehr Übung wirst du der reinste Walfisch. Wenn ich dich jetzt noch einmal bemühen dürfte, meine Rücken- und Bauchplatten noch zwei Löcher weiter aufzuschnüren, dann probiere ich diese faszinierende Beuge, von der du sagst, sie sei so leicht. Wie wird Buntjaguar staunen!«

»Hervorragend«, sagte Stichel-Stachel, ganz nass vom trüben Amazonas. »Ich möchte fast sagen, ich könnte dich glatt für jemanden aus meiner eigenen Familie halten. Zwei Löcher hast du gesagt? Ein bisschen mehr Ausdruck, bitte, und ächze nicht gar so viel, sonst hört Buntjaguar uns noch. Wenn du fertig bist, dann möchte ich das Tauchen ausprobieren, von dem du sagst, es sei so leicht. Wie wird Buntjaguar staunen!«

Und so tauchte Stichel-Stachel, und Trägstabil tauchte nebenher.

»Hervorragend«, sagte Trägstabil. »Wenn du noch ein bisschen mehr aufpasst, den Atem anzuhalten, dann kannst du deinen Haushalt am Grund des trüben Amazonas aufschlagen. Jetzt möchte ich die Übung ausprobieren, von der du sagst, sie sei so außerordentlich gemütlich, wo man seine Hinterbeine um die Ohren wickelt. Wie wird Buntjaguar staunen!«

»Hervorragend«, sagte Stichel-Stachel. »Aber das überdehnt deine Rückenplatten ein wenig. Sie überlappen jetzt alle, statt nebeneinanderzuliegen.«

»Oh, das kommt vom Üben«, sagte Trägstabil. »Mir ist aufgefallen, dass deine Stacheln anscheinend miteinander verschmelzen und dass du allmählich eher einem Tannenzapfen ähnelst statt einer Kastanienschale wie früher.«

»Wirklich?«, sagte Stichel-Stachel. »Das kommt davon, dass ich vom Wasser ganz aufgeweicht bin. Wie wird Buntjaguar staunen!«

Sie übten weiter und halfen sich dabei gegenseitig, bis der Morgen kam, und als die Sonne hoch stand, ruhten sie sich aus und ließen sich trocknen. Da bemerkten sie, dass sie beide ganz anders aussahen als früher.

»Stichel-Stachel«, sagte die Schildkröte nach dem Frühstück, »ich bin anders, als ich gestern war, aber ich glaube, dass ich Buntjaguar noch Spaß machen werde.«

»Genau das Gleiche habe ich auch gerade gedacht«, sagte Stichel-Stachel. »Ich finde, Schuppen sind eine enorme Verbesserung gegenüber Stacheln – von der Fähigkeit zu schwimmen gar nicht zu reden. Wie *wird* Buntjaguar aber staunen! Lass uns gehen und ihn suchen.«

Ziemlich bald fanden sie Buntjaguar, der immer noch seine Tatze auskurierte, die er am Vorabend verletzt hatte. Er war so erstaunt, dass er dreimal rückwärts über seinen bunten Schwanz purzelte, ohne anzuhalten.

»Guten Morgen«, sagte Stichel-Stachel. »Und wie geht es deiner lieben, anmutigen Mami heute früh?«

»Es geht ihr sehr gut, danke«, sagte Buntjaguar, »aber du musst verzeihen, dass mir im Augenblick dein Name nicht einfällt.«

»Wie unfreundlich von dir«, sagte Stichel-Stachel, »wo du doch gestern um diese Zeit versucht hast, mich mit deiner Tatze aus meinem Panzer zu schaufeln.«

»Aber du hattest gar keinen Panzer. Es waren lauter Stacheln«, sagte Buntjaguar. »Das weiß ich genau. Schau dir mal meine Tatze an!«

»Mir hast du gesagt, ich solle mich in den trüben Amazonas werfen und ertrinken«, sagte Trägstabil. »Warum bist du heute so unhöflich und vergesslich?«

»Erinnerst du dich nicht, was deine Mutter dir gesagt hat?«, fragte Stichel-Stachel.

»Kann sich nicht zusammenrollen, aber es schwimmt.
Das ist die Schildkröte, ja das stimmt.
Rollt sich zusammen, aber kann nicht schwimmen.
Das ist der Igel, so muss es stimmen.«

Dann rollten sie sich beide zusammen und kullerten und kullerten um Buntjaguar herum, bis seine Augen wirklich und wahrhaftig in seinem Kopf Rad schlugen. Da ging er seine Mutter holen.

»Mutter«, sagte er, »da sind heute zwei neue Tiere im Wald, und das eine, von dem du gesagt hast, es kann nicht schwimmen, schwimmt, und das andere, von dem du gesagt hast, es kann sich nicht zusammenrollen, rollt sich zusammen. Und sie haben sich, glaube ich, ihre Stacheln geteilt, denn beide sind von oben bis unten schuppig, statt dass eins glatt und das andere sehr stachlig ist, und außerdem kullern sie immerfort rundherum im Kreis, und ich fühle mich ungemütlich.«

»Mein Sohn, mein Sohn«, sagte Mutter Jaguar viele, viele Male und schwenkte anmutig ihren Schwanz, »ein Igel ist ein Igel und kann nichts anderes als ein Igel sein, und eine Schildkröte ist eine Schildkröte und kann niemals etwas anderes sein.«

»Aber es ist kein Igel und es ist keine Schildkröte. Es ist ein bisschen von beidem, und ich weiß seinen richtigen Namen nicht.«

»Unsinn!«, sagte Mutter Jaguar. »Alles hat seinen richtigen Namen. Ich würde es einfach ›Gürteltier‹ nennen, bis ich den richtigen Namen herausfinde. Und ich würde es in Ruhe lassen.«

Also tat Buntjaguar, wie es ihm befohlen worden war, besonders was das In-Ruhe-Lassen betraf.

Aber seltsamerweise hat von jenem Tag an bis heute, mein allerliebster Herzensschatz, niemand an den Ufern des trüben Amazonas Stichel-Stachel und Trägstabil je etwas anderes als Gürteltier genannt. Anderswo gibt es natürlich Igel und Schildkröten (ich habe ein paar in meinem Garten), aber die wirklich alte, schlaue Sorte, bei denen die Schuppen lippeti-lappeti übereinanderliegen wie die Schuppen von Tannenzapfen, die, die an den Ufern des trüben Amazonas lebten in den alten und großen Zeiten, die werden immer Gürteltiere genannt, weil sie so schlau waren.

Und das ist ja ganz richtig so, mein Herzensschatz. Verstehst du?

WIE DER ERSTE BRIEF GESCHRIEBEN WURDE

Es war einmal in einer sehr frühen Frühzeit ein Steinzeitmensch. Er war kein **JÜTE** oder **ANGLE**, nicht einmal ein **DRAVIDE**, was er sehr gut hätte sein können, allerliebster Herzensschatz, das spielt aber keine Rolle. Er war ein Primitiver, und er lebte höhlenmäßig in einer Höhle, und er hatte nur ganz wenig an, und er konnte nicht lesen und er konnte nicht schreiben, und er wollte auch gar nicht, und außer wenn er Hunger hatte, war er sehr zufrieden. Er hieß Tegumai Bopsulai, und das bedeutet Mann-

der-seinen-Fuß-nicht-in-Hetze-vorwärtsbewegt, aber wir, mein Herzensschatz, wollen ihn kurz Tegumai nennen. Seine Frau hieß Teschumai Tuindrau, und das bedeutet Frau-die-sehr-sehr-viele-Fragen-stellt, aber wir, mein Herzensschatz, nennen sie kurz Teschumai. Und seine kleine Tochter hieß Taffimai Metallumai, und das bedeutet Kleine-Person-ohne-Manieren-die-verhauen-gehört, aber ich nenne sie Taffy. Und sie war Tegumai Bopsulais allerliebster Herzensschatz und auch der allerliebste Herzensschatz ihrer Mama, und sie wurde nicht halb so oft verhauen, wie es gut für sie gewesen wäre, und sie waren alle drei sehr glücklich.

Sobald Taffy herumlaufen konnte, ging sie mit ihrem Papa Tegumai überallhin, und manchmal kamen sie erst zurück nach Hause in die Höhle, wenn sie sehr hungrig waren, und dann sagte Teschumai Tuindrau immer: »Wo um alles in der Welt seid ihr denn gewesen, dass ihr euch so entsetzlich schmutzig gemacht habt? Also wirklich, mein Tegumai, du bist nicht besser als meine Taffy.«

Jetzt pass auf und hör zu!

Eines Tages ging Tegumai Bopsulai hinunter durch den Bibersumpf zum Wagai-Fluss, um mit dem Speer Karpfen für das Abendessen zu fangen, und Taffy kam mit. Tegumais Speer war aus Holz gemacht, mit Haifischzähnen an der Spitze, und bevor er überhaupt einen Fisch gefangen hatte, zerbrach er ihn mittendurch, weil er ihn zu fest auf den Grund des Flusses stieß. Sie waren meilenweit von zu Hause entfernt (natürlich hatten sie ihr Essen dabei in einem kleinen Beutel), und Tegumai hatte vergessen, Ersatzspeere mitzunehmen.

»Das ist ja eine schöne Bescherung!«, sagte Tegumai. »Ich werde den halben Tag brauchen, das zu reparieren.«

»Zu Hause ist doch noch dein großer schwarzer Speer«, sagte Taffy. »Lass mich zurück zur Höhle laufen und Mama bitten, dass sie ihn mir gibt.«

»Es ist zu weit für deine dicken Beinchen«, sagte Tegumai. »Außerdem könntest du in den Bibersumpf fallen und ertrinken. Wir müssen gute Miene zum bösen Spiel machen.« Er setzte sich hin und zog ein Täschchen mit Flickzeug heraus, voller Rentiersehnen und Lederstreifen und Bienenwachsklumpen und Harzstückchen, und fing an, den Speer zu reparieren.

Taffy setzte sich auch hin, die Füße im Wasser und das Kinn in die Hand gestützt, und dachte heftig nach. Dann sagte sie: »Ich finde, Papa, es ist doch verdammt ärgerlich, dass wir beide nicht schreiben können, findest du nicht auch? Sonst könnten wir eine Nachricht schicken, dass wir einen neuen Speer brauchen.«

»Taffy«, sagte Tegumai, »wie oft habe ich dir gesagt, dass du nicht fluchen sollst? ›Verdammt‹ ist gar kein schönes Wort – aber jetzt, wo du es sagst, wäre es tatsächlich praktisch, wenn wir nach Hause schreiben könnten.«

Da kam ein fremder Mann den Fluss entlang, aber er gehörte zu einem weit entfernten Stamm, den Tuaras, und er verstand kein Wort von Tegumais Sprache. Er blieb am Ufer stehen und lächelte Taffy an, denn er hatte selber ein Töchterchen zu Hause.

Tegumai zog einen Strang Hirschsehnen aus seinem Flickzeug und fing an, seinen Speer zu reparieren.

»Komm mal her«, sagte Taffy. »Weißt du, wo meine Mama

wohnt?« Und der fremde Mann sagte: »Ähm«, weil er ja, wie du weißt, ein Tuara war.

»Schafskopf!«, sagte Taffy, und sie stampfte mit dem Fuß auf, denn sie sah, wie eine Schule sehr großer Karpfen den Fluss hinaufschwamm, gerade als ihr Papa seinen Speer nicht benutzen konnte.

»Geh Erwachsenen nicht auf die Nerven«, sagte Tegumai, der so mit seinem Speer beschäftigt war, dass er sich nicht umschaute.

»Mach ich doch gar nicht«, sagte Taffy. »Ich will nur, dass er tut, was ich will, aber er versteht nicht.«

»Dann geh mir nicht auf die Nerven«, sagte Tegumai, und er zog und zerrte weiter an den Hirschsehnen, und sein Mund steckte voller loser Enden.

Der fremde Mann (er war ein echter Tuara) setzte sich ins Gras, und Taffy zeigte ihm, was ihr Papa machte. Der fremde Mann dachte: *Das ist ein ganz erstaunliches Kind. Sie stampft mit dem Fuß auf und schneidet mir Grimassen. Sie muss die Tochter dieses edlen Häuptlings sein, der so bedeutend ist, dass er mich gar nicht bemerkt.* Daher lächelte er noch höflicher als zuvor.

»Also«, sagte Taffy, »ich will, dass du zu meiner Mama gehst, weil deine Beine länger sind als meine und weil du nicht in den Bibersumpf fallen wirst, und da sollst du nach Papas anderem Speer fragen – dem mit dem schwarzen Griff, der über unserem Kaminsims hängt.«

Der fremde Mann (*und* er war ein Tuara) dachte: *Das ist ein sehr, sehr erstaunliches Kind. Sie fuchtelt mit den Armen und schreit mich an, aber ich verstehe kein Wort, das sie sagt.*

Aber wenn ich nicht mache, was sie sagt, fürchte ich, dass dieser hochmütige Häuptling, Mann-der-Besuchern-den-Rücken-zudreht, böse wird. Er stand auf und pulte ein großes, flaches Stück Rinde von einer Birke und gab es Taffy. Das tat er, mein liebster Herzensschatz, zum Zeichen, dass sein Herz so weiß war wie die Birkenrinde und dass er nichts Böses im Schilde führte, aber Taffy verstand ihn nicht so recht.

»Oh«, sagte sie. »Jetzt begreife ich! Du willst Mamas Adresse? Natürlich kann ich nicht schreiben, aber ich kann Bilder malen, wenn ich etwas Scharfes zum Kratzen habe. Bitte leih mir den Haifischzahn an deiner Halskette!«

Der fremde Mann (und *er* war ein Tuara) sagte nichts, darum streckte Taffy ihre kleine Hand aus und zog an der schönen Kette aus Perlen und Samen und Haifischzähnen, die er um den Hals trug.

Der fremde Mann (und er *war* ein Tuara) dachte: *Das ist ein sehr, sehr, sehr erstaunliches Kind. Der Haifischzahn an meiner Halskette ist ein Zauberhaifischzahn, und man hat mir immer gesagt, wenn jemand ihn anfasst, ohne dass ich es ihm erlaube, dann wird er sich sofort aufblähen oder platzen. Aber dieses Kind bläht sich weder auf, noch platzt es, und der wichtige Häuptling dort, Mann-der-sich-nur-um-seine-eigenen-Sachen-kümmert, der mich überhaupt noch nicht wahrgenommen hat, scheint nicht zu befürchten, dass sie sich aufbläht oder platzt. Ich sollte noch höflicher sein.*

Daher gab er Taffy den Haifischzahn, und sie legte sich platt auf den Bauch mit den Füßen in der Luft – wie gewisse Leute auf dem Wohnzimmerfußboden, wenn sie Bilder malen wollen –, und sie sagte: »Jetzt male ich dir ein paar ganz schöne Bilder! Du kannst mir über die Schulter schauen, aber du darfst mich nicht schubsen. Zuerst male ich, wie Papa fischt. Es sieht ihm nicht sehr ähnlich, aber Mama wird es erkennen, weil ich seinen Speer ganz zerbrochen gemalt habe. Also, jetzt male ich den anderen Speer, den er braucht, den mit dem schwarzen Griff. Das sieht jetzt aus, als ob er in Papas Rücken steckt, aber das kommt davon, dass mir der Haifischzahn ausgerutscht ist, und außerdem ist das Rindenstück nicht groß genug. Das ist der Speer, den du holen sollst, deshalb male ich jetzt noch ein Bild von mir, wie ich dir alles erkläre. Meine Haare stehen einklich nicht so hoch, wie ich es gemalt habe, aber so gehen sie leichter zu malen. Jetzt male ich dich. Ich finde dich einklich sehr nett, aber ich kriege dich nicht so schön hin, deswegen darfst du nicht beleidigt sein. Bist du beleidigt?«

Der fremde Mann (und er war *ein* Tuara) lächelte. Er dachte: *Da soll wohl irgendwo eine große Schlacht stattfinden, und dieses erstaunliche Kind, das meinen Zauberhaifischzahn nimmt, aber sich nicht aufbläht oder platzt, erklärt mir, dass ich den ganzen Stamm des großen Häuptlings rufen soll, damit sie ihm helfen. Er ist ein großer Häuptling, sonst hätte er Notiz von mir genommen.*

»Schau mal«, sagte Taffy und malte sehr fest und ziemlich krakelig, »jetzt habe ich dich gemalt, und ich habe den Speer, den Papa braucht, in deine Hand gemalt, um dich daran zu erinnern, dass du ihn bringen sollst. Jetzt zeige ich dir, wie du Mamas Adresse findest. Du gehst geradeaus, bis du zu zwei Bäumen kommst (das hier sind Bäume), und dann gehst du über einen

Hügel (das ist ein Hügel), und dann kommst du in den Bibersumpf, der ist ganz voll mit Bibern. Ich habe nicht die ganzen Biber reingetan, weil ich keine Biber malen kann, aber ich habe ihre Köpfe gemalt, und mehr siehst du sowieso nicht von ihnen, wenn du durch den Sumpf gehst. Pass auf, dass du nicht reinfällst! Gleich hinter dem Bibersumpf kommt unsere Höhle. Sie ist einklich nicht so hoch wie die Hügel, aber ich kann Sachen nicht so klein malen. Das davor ist meine Mama. Sie ist schön. Sie ist die allerallerschönste Mama, die es gibt, aber sie ist nicht beleidigt, wenn sie sieht, dass ich sie so hässlich gemalt habe. Sie wird sich freuen, weil ich malen kann. Also, für den Fall, dass du es vergisst, habe ich den Speer, den Papa braucht, *außerhalb* unserer Höhle gemalt. Er ist einklich *innen*, aber zeig meiner

Mama einfach das Bild, dann gibt sie ihn dir. Ich habe sie die Hände hochstrecken lassen, weil sie sich so freuen wird, dich zu sehen. Ist das nicht ein schönes Bild? Und verstehst du auch alles, oder soll ich es noch mal erklären?«

Der fremde Mann (und er war ein *Tuara*) betrachtete das Bild

und nickte heftig. Er sagte zu sich selbst: *Wenn ich dem großen Häuptling nicht seinen Stamm zu Hilfe hole, dann wird er von seinen Feinden erschlagen, die von allen Seiten mit Speeren kommen. Jetzt verstehe ich, warum der große Häuptling so getan hat, als sähe er mich nicht! Er hatte Angst, dass seine Feinde im Gebüsch versteckt sind und beobachten, wie er mir eine Botschaft übergibt. Deshalb hat er mir den Rücken zugedreht und das kluge, erstaunliche Kind das schreckliche Bild malen lassen, das seine Schwierigkeiten zeigt. Ich will losgehen und bei seinem Stamm Hilfe holen*. Er fragte Taffy nicht einmal nach dem Weg, sondern rannte, die Birkenrinde in der Hand, los ins Gebüsch wie der Wind, und Taffy setzte sich sehr zufrieden hin.

Also, das ist das Bild, das Taffy für ihn gemalt hatte:

»Was hast du denn gemacht, Taffy?«, fragte Tegumai. Er hatte seinen Speer repariert und schwenkte ihn vorsichtig hin und her.

»Ich habe etwas berangiert, lieber Papa«, sagte Taffy. »Wenn du mich nichts fragst, erfährst du alles ganz bald, und dann bist du überrascht. Versprich mir, dass du überrascht sein wirst, Papa!«

»Na gut«, sagte Tegumai und ging fischen.

Der fremde Mann – Wusstest du, dass er ein Tuara war? – eilte mit dem Bild davon und rannte mehrere Meilen, bis er zufällig auf Teschumai Tuindrau stieß, die an der Tür ihrer Höhle mit ein paar anderen Steinzeitdamen redete, die zu einem primitiven Mittagessen gekommen waren. Taffy sah Teschumai sehr ähnlich, vor allem in der oberen Gesichtshälfte, daher lächelte der fremde Mann – immer der echte Tuara – höflich und reichte Teschumai die Birkenrinde. Er war schnell gerannt, sodass er keuchte, und seine Beine waren von den Brombeerranken ganz zerkratzt, aber er versuchte dennoch höflich zu sein.

Kaum hatte Teschumai das Bild gesehen, schrie sie wie wild und stürzte sich auf den fremden Mann. Die anderen Steinzeitdamen schlugen ihn nieder und setzten sich zu sechst in einer Reihe auf ihn drauf, während Teschumai ihn an den Haaren zog. »Es ist so deutlich wie die Nase im Gesicht dieses fremden Mannes«, sagte sie, »er hat lauter Speere in meinen Tegumai gestoßen und die arme Taffy so erschreckt, dass ihr die Haare zu Berge stehen, aber das genügt ihm nicht, er bringt mir auch noch ein grauenhaftes Bild davon. Schaut!« Sie zeigte allen Steinzeitdamen, die geduldig auf dem fremden Mann saßen, das Bild. »Hier ist mein Tegumai, und sein Arm ist gebrochen, hier steckt ein Speer in seinem Rücken, hier ist ein Mann, der einen Speer werfen will, hier ist noch ein Mann, der einen Speer aus einer Höhle wirft, und hier ist eine ganze Horde von Leuten (das waren in Wirklichkeit Taffys Biber, aber sie sahen tatsächlich eher wie Leute aus), die sich hinter Tegumai anschleichen. Ist das nicht entsetzlich?«

»Ganz entsetzlich!«, sagten die Steinzeitdamen, und sie taten Matsch in die Haare des fremden Mannes (was ihn überraschte) und sie schlugen auf die dröhnenden Stammestrommeln und riefen alle Häuptlinge vom ganzen Stamm von Tegumai zusammen mit ihren **HETMANEN** und **DOLMANEN**, allen **NEGUSSEN**, **WUHNS** und **ACHUHNS** der Organisation, dazu die **MAGIER**, **SCHWAGIER**, **JUJU-MÄNNER**, **BONZEN** und alle Übrigen, die beschlossen, dass sie der fremde Mann, bevor sie ihm den Kopf abhackten, sofort zum Fluss führen und ihnen zeigen müsse, wo er die arme Taffy versteckt hatte.

Inzwischen war der fremde Mann (obwohl er ein Tuara war) ziemlich verärgert. Sie hatten seine Haare voller Matsch gekleistert, sie hatten ihn hin und her über knubbelige Kiesel gerollt, sie hatten zu sechst in einer Reihe auf ihm gesessen, sie hatten ihn geknufft und geknautscht, bis er kaum noch atmen konnte, und obwohl er ihre Sprache nicht verstand, war er beinahe sicher, dass die Wörter, die ihm die Steinzeitdamen an den Kopf warfen, nicht sehr damenhaft waren. Dennoch sagte er nichts, bis der ganze Stamm von Tegumai versammelt war, und dann führte er sie zurück zum Ufer des Wagai-Flusses, und da fanden sie Taffy, die Gänseblümchenketten machte, und Tegumai, der vorsichtig kleine Karpfen mit seinem reparierten Speer fing.

»Na, das ging aber schnell!«, sagte Taffy. »Aber warum habt ihr denn so viele Leute mitgebracht? Lieber Papa, das ist meine Überraschung. *Bist* du überrascht, Papa?«

»Sehr«, sagte Tegumai, »aber das ruiniert mir das Fischen für den Rest des Tages. Da ist ja der ganze liebe, freundliche, nette, saubere, stille Stamm gekommen, Taffy.«

Und so war es. Zuerst kamen Teschumai Tuindrau und die Steinzeitdamen, die den fremden Mann ganz fest hielten, dessen Haare voller Matsch waren (obwohl er ein Tuara war). Dahinter kam der Oberhäuptling, der Vizehäuptling, der Vertretungs- und der Hilfshäuptling (alle bis an die Zähne bewaffnet), die HETMANE und Heerführer mit ihren Heeren und die Bataloffs mit ihren Bataillonen und die Dolmane mit ihren Dolomiten, die Wuhns, Negusse und Achuhns in der Nachhut (auch alle bis zu den Zähnen bewaffnet). Hinter ihnen kam, hierarchisch geordnet, der Stamm, angefangen mit den Besitzern von vier Höhlen (eine für jede Jahreszeit), einer privaten Rentierweide und zwei Lachsschnellen bis zu feudalen und prognathischen Hintersassen, denen in Winternächten ein halbes Bärenfell zustand, sieben Fuß vom Feuer entfernt, sowie landgebundenen Leibeigenen, die über den Heimfall eines ausgekratzten Markknochens als Rechtsanspruch verfügten. (Sind das nicht wunderschöne Wörter, mein Herzensschatz?). Alle waren sie da, stolzierten und schrien und verscheuchten zwanzig Meilen weit jeden Fisch, und Tegumai dankte ihnen in fließender neolithischer Rede.

Dann rannte Teschumai Tuindrau herab und küsste und umarmte Taffy sehr, sehr fest, aber der Oberhäuptling des ganzen Stamms von Tegumai packte Tegumai an den Federn seines Haarknotens und schüttelte ihn heftig.

»Erklär! Erklär!«, schrie der ganze Stamm von Tegumai.

»Himmeldonnerwetter noch mal!«, sagte Tegumai. »Lass meinen Haarknoten los! Kann man denn nicht einmal seinen Karpfenspeer zerbrechen, ohne dass das ganze Land auf einen niederfährt? Ihr mischt euch einfach in alles ein.«

»Ihr habt ja nicht einmal Papas Speer mit dem schwarzen Griff mitgebracht«, sagte Taffy. »Und was macht ihr überhaupt mit meinem netten fremden Mann?«

Sie knufften ihn zu zweit und zu dritt, bis seine Augen sich rund und rundherum drehten. Er konnte nur japsen und auf Taffy zeigen.

»Wo sind die bösen Leute, die dich aufgespießt haben, mein Liebling?«, fragte Teschumai Tuindrau.

»Es waren keine da«, sagte Tegumai. »Mein einziger Besucher heute Morgen war der arme Kerl, den ihr zu erwürgen versucht. Geht es euch nicht gut, seid ihr krank, o Stamm von Tegumai?«

»Er kam mit einem entsetzlichen Bild«, sagte der Oberhäuptling, »einem Bild, auf dem du voller Speere dargestellt warst.«

»Äh – ähm –, vielleicht sollte ich lieber erklären, dass ich ihm das Bild gegeben habe«, sagte Taffy, aber sie fühlte sich ein bisschen ungemütlich.

»Du!«, sagte der Stamm von Tegumai wie mit einer Stimme. »Kleine-Person-ohne-Manieren-die-verhauen-gehört! Du!«

»Taffy, mein Schatz, ich glaube, wir sitzen in der Tinte«, sagte ihr Papa und legte den Arm um sie, daher machte es ihr nichts.

»Erklär! Erklär! Erklär!«, sagte der Oberhäuptling des Stamms von Tegumai, und er hüpfte auf einem Bein.

»Ich wollte, dass der fremde Mann Papas Speer holt, deshalb habe ich ihn gemalt. Das waren nicht viele Speere. Es gab bloß einen Speer. Ich habe ihn dreimal gemalt, um ganz sicherzugehen. Ich kann nichts dafür, dass es aussah, als würde er in Papas Kopf stecken – es war nicht genug Platz auf der Birkenrinde; und die Dinger, die Mama ›böse Leute‹ nennt, das sind Biber.

Ich habe sie gemalt, um ihm den Weg durch den Sumpf zu zeigen, und ich habe Mama gemalt, wie sie am Eingang der Höhle steht und sich freut, weil er ein netter fremder Mann ist. Und *ich* finde, ihr seid die dümmsten Leute der Welt«, sagte Taffy. »Er ist ein sehr netter Mann. Warum habt ihr Matsch auf seine Haare getan? Wascht ihn!«

Eine ganze Weile sagte keiner irgendetwas, bis der Oberhäuptling anfing zu lachen. Dann fing der fremde Mann (er war wenigstens ein Tuara) an zu lachen. Dann lachte Tegumai, bis er der Länge nach auf dem Ufer hinfiel, dann lachte der ganze Stamm immer mehr und immer schlimmer und immer lauter. Die Einzigen, die nicht lachten, waren Teschumai und all die Steinzeitdamen. Sie waren sehr höflich zu ihren Ehemännern und sagten ziemlich oft »Trottel!«.

Dann rief und sagte und sang der Oberhäuptling des Stamms von Tegumai: »O Kleine-Person-ohne-Manieren-die-verhauen-gehört, du hast eine tolle Erfindung gemacht!«

»Das wollte ich gar nicht. Ich wollte bloß Papas Speer mit dem schwarzen Griff«, sagte Taffy.

»Macht nichts. Es *ist* eine tolle Erfindung, und eines Tages werden die Menschen es ›Schreiben‹ nennen. Zurzeit sind es nur Bilder, und Bilder, wie wir heute gesehen haben, werden nicht immer richtig verstanden. Aber es wird eine Zeit kommen, o Kind von Tegumai, da werden wir Buchstaben herstellen – alle sechsundzwanzig –, und dann können wir sowohl lesen als auch schreiben, und dann werden wir immer ganz genau sagen, was wir meinen, ohne Fehler. Jetzt sollen die Steinzeitdamen den Matsch aus den Haaren des Fremden waschen.«

»Da bin ich aber froh«, sagte Taffy, »denn schließlich habt ihr zwar alle Speere im Stamm von Tegumai mitgebracht, aber den Speer mit dem schwarzen Griff von meinem Papa habt ihr vergessen.«

Da rief und sagte und sang der Oberhäuptling: »Taffy, mein Liebes, wenn du das nächste Mal einen Bilderbrief schreibst, dann schickst du besser einen Mann mit, der unsere Sprache spricht, damit er erklären kann, was er bedeutet. Mir macht es ja nichts aus, weil ich der Oberhäuptling bin, aber für den Rest des Stamms von Tegumai ist es ziemlich schlimm, und wie du siehst, überrascht es den Fremden.«

Dann nahmen sie den fremden Mann (einen echten Tuara aus Tuar) in den Stamm von Tegumai auf, weil er ein Herr war und kein Theater machte wegen dem Matsch, den die Steinzeitdamen in seine Haare getan hatten. Aber seit jenem Tag bis heute (und ich nehme an, es ist alles Taffys Schuld) haben nur sehr wenige kleine Mädchen Lust, lesen und schreiben zu lernen. Die meisten malen lieber Bilder und spielen mit ihren Papas – genau wie Taffy.

WIE DAS ALPHABET GEMACHT WURDE

In der Woche nachdem Taffimai Metallumai (wir wollen sie weiterhin Taffy nennen, mein Herzensschatz) ein kleines Durcheinander angerichtet hatte wegen dem Speer ihres Papas und dem fremden Mann und dem Bilderbrief und allem, ging sie wieder Karpfen angeln mit ihrem Papa. Ihre Mama wollte eigentlich, dass sie zu Hause blieb und ihr half, Häute an den großen Trockenstangen vor ihrer Steinzeithöhle aufzuhängen, aber Taffy schlich sich ziemlich bald zu ihrem Papa davon, und sie angelten. Plötzlich fing sie an zu kichern, und ihr Papa sagte: »Sei nicht albern, Kind.«

»Aber war das nicht fast zinierend?«, fragte Taffy. »Weißt du noch, wie der Oberhäuptling die Backen aufgeblasen hat und wie komisch der nette fremde Mann mit dem Matsch in den Haaren aussah?«

»Und ob«, sagte Tegumai. »Ich musste dem fremden Mann zwei Hirschhäute bezahlen – weiche mit Fransen – wegen allem, was wir ihm angetan haben.«

»*Wir* haben ihm gar nichts angetan«, sagte Taffy. »Das waren Mama und die anderen Steinzeitdamen – und der Matsch.«

»Reden wir nicht mehr davon«, sagte ihr Papa. »Lass uns essen.«

Taffy nahm einen Markknochen und saß ganze zehn Minuten mäuschenstill, während ihr Papa mit einem Haifischzahn auf Birkenrindestückchen herumkratzte. Dann sagte sie: »Papa,

ich habe mir eine Geheimüberraschung ausgedacht. Mach mal ein Geräusch – irgendeins.«

»Ah!«, sagte Tegumai. »Ist das für den Anfang gut genug?«

»Ja«, sagte Taffy. »Du siehst genau wie ein Karpfen mit offenem Maul aus. Sag's bitte noch mal.«

»Ah! Ah! Ah!«, machte ihr Papa. »Werd nicht frech, meine Tochter!«

»Ich will überhaupt nicht frech sein, wirklich und wahrhaftig«, sagte Taffy. »Das gehört zu meiner Geheimüberraschung. Sag noch mal ›Ah‹, Papa, und lass am Schluss den Mund offen und leih mir den Zahn. Ich male jetzt ein ganz weit offenes Karpfenmaul.«

»Wofür?«, fragte ihr Papa.

»Verstehst du das nicht?«, sagte Taffy und kratzte fieberhaft auf der Rinde. »Das wird unsere kleine Geheimüberraschung. Wenn ich einen Karpfen mit offenem Maul hinten in unserer Höhle in den Ruß zeichne – falls Mama nichts dagegen hat –, dann erinnert dich das an das Ah-Geräusch. Dann können wir spielen, ich würde im Dunkeln hervorspringen und dich mit dem Geräusch überraschen – genauso, wie ich es letzten Winter im Bibersumpf gemacht habe.«

»Wirklich?«, sagte ihr Papa mit der Stimme, die Erwachsene benutzen, wenn sie richtig gut aufpassen. »Mach weiter, Taffy.«

»Oh, verflixt!«, sagte sie. »Ich kann keinen ganzen Karpfen malen, aber ich kann etwas malen, das das Maul von einem Karpfen bedeutet. Weißt du, wenn sie so auf dem Kopf stehen und im Schlamm wühlen. Also, das hier stellt einen Karpfen dar (wir können spielen, dass der Rest von ihm auch gemalt ist).

Hier ist bloß sein Maul, und das bedeutet Ah.« Und sie malte das hier.

»Nicht schlecht«, sagte Tegumai und kratzte selber auf seiner eigenen Rinde, »aber du hast die Barteln vergessen, die an seinem Maul hängen.«

»Aber ich kann doch nicht malen, Papa.«

»Du brauchst ja bloß sein offenes Maul und darüber die Barteln zu malen. Dann wissen wir, dass es ein Karpfen ist, denn die Barsche und die Forellen haben keine Barteln. Schau her Taffy!« Und er malte das hier.

»Das male ich jetzt ab«, sagte Taffy. »Verstehst du das, wenn du es siehst?« Und sie malte das hier.

»Auf jeden Fall«, sagte ihr Papa. »Und wenn ich es irgendwo sehe, dann bin ich genauso überrascht, wie wenn du hinter einem Baum hervorspringst und ›Ah!‹ sagst.«

»Jetzt mach ein anderes Geräusch«, sagte Taffy und war sehr stolz.

»Jah!«, sagte ihr Vater sehr laut.

»Hm«, sagte Taffy. »Das ist ein gemischtes Geräusch. Das Ende ist Ah-Karpfenmaul, aber was machen wir mit dem Anfang? J-j-j und Ah! Jah!«

»Das ist sehr ähnlich wie das Karpfenmaulgeräusch. Lass uns ein anderes Stück Karpfen malen und sie zusammensetzen«, sagte ihr Papa. *Er* war jetzt auch fast ziniert.

»Nein. Wenn sie zusammengesetzt sind, dann vergesse ich es. Mal es extra. Mal seine Flosse. Wenn er auf dem Kopf steht, kommt die Flosse zuerst. Außerdem kann ich Flossen am einfachsten malen«, sagte Taffy.

»Gute Idee«, sagte Tegumai. »Hier ist eine Karpfenflosse für das J-Geräusch. Und er malte das hier.

»Jetzt probiere ich mal«, sagte Taffy. »Aber ich kann nicht so malen wie du, Papa. Reicht es, wenn ich sie nur auf einer Seite lang male?« Und sie malte das hier.

Ihr Papa nickte, und seine Augen glänzten, weil er ganz ziniert war.

»Das ist fein«, sagte sie. »Jetzt mach noch ein Geräusch, Papa.«

»Oh!«, sagte ihr Papa ganz laut.

»Das ist ja leicht«, sagte Taffy. »Da machst du deinen Mund ganz rund wie ein Ei oder einen Stein. Dann nehmen wir einfach ein Ei oder einen Stein.«

»Man kann aber nicht immer Eier oder Steine finden. Wir müssen irgendwas Rundes kratzen, wie das hier.« Und er zeichnete Folgendes.

»Meine Güte«, sagte Taffy. »Was wir schon für viele Geräuschbilder gemacht haben: Karpfenmaul, Karpfenflosse und ein Ei! Jetzt mach ein neues Geräusch, Papa!«

»Ssss!«, machte ihr Papa und runzelte die Stirn, aber Taffy war zu aufgeregt, um es zu bemerken.

»Das ist ganz einfach«, sagte sie und kratzte auf der Rinde.

»Wie, was?«, sagte ihr Papa. »Ich wollte bloß sagen, dass ich nachdenke und nicht gestört werden will.«

»Es ist aber trotzdem ein Geräusch. Es ist das Geräusch, das Schlangen machen, Papa, wenn sie nachdenken und nicht gestört werden wollen. Aus dem Ssss-Geräusch machen wir eine Schlange. Kommt das so hin?« Und sie zeichnete das hier.

»Fertig«, sagte sie. »Das ist *noch* ein Überraschungsgeheimnis. Wenn du eine Zisch-Schlange neben die Tür von deiner kleinen Hinterhöhle malst, wo du die Speere reparierst, dann weiß ich, dass du ganz doll nachdenkst, und dann komme ich mäuschenmäuschenstill rein. Und wenn du sie auf einen Baum am Fluss malst, wenn du fischst, dann weiß ich, dass du willst, dass ich ganz furchtbar mäuschenstill schleiche, damit ich das Ufer nicht erschüttele.«

»Ganz genau«, sagte Tegumai. »Und in dem Spiel steckt mehr, als du denkst, Taffy, mein Liebes. Ich habe das Gefühl, dass die Tochter deines Papas auf die beste Sache gestoßen ist, die es je gab, seit der Stamm von Tegumai angefangen hat, Haifischzähne statt Flint als Speerspitzen zu benutzen. Ich glaube, wir sind *dem* großen Weltgeheimnis auf der Spur.«

»Warum?«, fragte Taffy, und auch ihre Augen glänzten fast ziniert.

»Ich zeig's dir«, sagte ihr Papa. »Wie heißt Wasser in der Tegumai-Sprache?«

»Natürlich ›Ja‹, und es heißt auch Fluss – wie Wagai-*ja,* der Wagai-Fluss.«

»Wie heißt schlechtes Wasser, von dem du Fieber kriegst, wenn du es trinkst – schwarzes Wasser, Sumpfwasser?«

»›Jo‹ natürlich.«

»Jetzt schau zu«, sagte ihr Papa. »Stell dir vor, du siehst das hier neben einem Tümpel im Bibersumpf in den Boden gekratzt.«

Und er zeichnete das hier.

»Karpfenflosse und rundes Ei. Zwei Geräusche vermischt. ›Jo‹, schlechtes Wasser«, sagte Taffy. »Natürlich würde ich das Wasser sowieso nicht trinken, weil ich ja wüsste, dass es schlecht ist, weil du es mir gesagt hast.«

»Aber ich bräuchte überhaupt nicht in der Nähe des Wassers zu sein. Ich könnte meilenweit entfernt sein, auf der Jagd, und trotzdem ...«

»Und *trotzdem* wäre es genauso gut, wie wenn du da ständest und sagtest: ›Geh weg, Taffy, sonst kriegst du Fieber!‹ Und das alles steckt in einer Karpfenflosse und einem runden Ei! Oh, Papa, wir müssen das Mama erzählen, schnell!« Und Taffy tanzte rund um ihn herum.

»Noch nicht«, sagte Tegumai. »Erst müssen wir noch ein bisschen weitermachen. Lass mal sehen. ›Jo‹ ist schlechtes Wasser, aber ›So‹ bedeutet Essen, das auf dem Feuer gekocht worden ist, stimmt's?« Und er malte das hier.

SO

»Ja. Schlange und Ei«, sagte Taffy. »Das bedeutet also, dass das Essen fertig ist. Wenn du das in einen Baum gekratzt siehst, dann weißt du, dass es Zeit ist, in die Höhle zu kommen. Und ich wüsste es auch.«

»Sapperlot!«, sagte Tegumai. »Da hast du recht. Aber Moment mal. Da sehe ich eine Schwierigkeit. ›So‹ bedeutet ›komm heim zum Essen‹, aber ›Sho‹ sind die Trockenstangen, wo wir die Häute aufhängen.«

»Die grässlichen alten Trockenstangen!«, sagte Taffy. »Ich hasse es, wenn ich helfen muss, schwere, heiße, haarige Häute aufzuhängen. Wenn du eine Schlange und ein Ei malst, und ich denke, es heißt ›Abendessen‹, und ich komme aus dem Wald nach Hause und finde heraus, dass es bedeutet, ich soll Mama helfen, Häute auf die Trockenstangen zu hängen, was würde ich *dann* machen?«

»Dann wärst du verärgert. Und Mama auch. Wir müssen ein neues Bild für ›Sho‹ machen. Wir zeichnen eine gefleckte Schlange, die ›Sch-sch‹ zischt, und wir spielen, dass die einfarbige Schlange nur ›Ssss‹ zischt.«

»Ich weiß nicht, ob ich die Flecken hinkriege«, sagte Taffy. »Und vielleicht würdest du sie auch weglassen, wenn du es mal sehr eilig hast, und dann denke ich, es ist ›So‹, obwohl es doch ›Sho‹ heißen sollte, und dann würde Mama mich trotzdem erwischen. *Nein!* Ich finde, wir sollten lieber ein Bild von diesen grässlichen Trockenstangen malen, damit wir *ganz* sichergehen. Ich male sie gleich nach der Zischelschlange hin.« Und sie malte das hier.

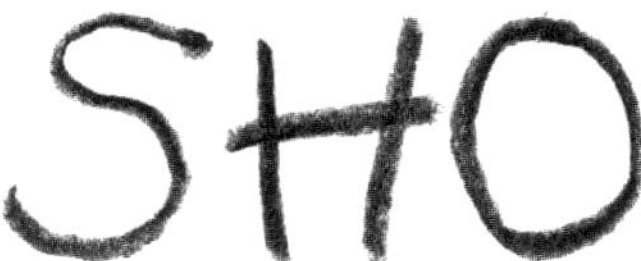

»Vielleicht ist es so am sichersten. Es sieht jedenfalls unseren Trockenstangen sehr ähnlich«, sagte ihr Papa lachend. »Jetzt mache ich ein anderes Geräusch mit einer Schlange und einer Trockenstange. Ich sage ›Shi‹. Das ist Speer auf Tegumai, Taffy.« Und er lachte.

»Mach dich nicht über mich lustig«, sagte Taffy, denn sie dachte an ihren Bilderbrief und an den Matsch in den Haaren des fremden Mannes. »Das malst *du*, Papa.«

»Diesmal machen wir es ohne Biber und Berge, was?«, sagte ihr Papa. »Ich male einfach einen geraden Strich für meinen Speer.« Und er malte das hier.

»Nicht einmal Mama könnte da herauslesen, dass ich umgebracht werde.«

»*Bitte* nicht, Papa. Da wird mir ganz unbehaglich. Mach noch mehr Geräusche. Wir kommen sehr fein voran.«

»Ähm!«, sagte Tegumai und schaute nach oben. »Sagen wir mal Shu. Das bedeutet ›Himmel‹.«

Taffy malte die Schlange und die Trockenstange. Dann hielt sie inne. »Für den Schlusslaut müssen wir aber ein neues Bild machen, oder?«

»Shu-shu-u-u-u! Also, das ist doch eigentlich wie der runde Eierklang, bloß dünner.«

»Was hältst du davon, wenn wir ein dünnes Ei malen und so tun, als wäre es ein Frosch, der seit Jahren nichts gegessen hat?«

»N-nein«, sagte ihr Papa. »Wenn wir das in Eile malen, dann könnten wir es mit dem runden Ei verwechseln. Shu-shu-shu! Ich sag dir, was wir machen. Wir machen ein kleines Loch oben in das runde Ei, damit man sieht, dass das O-Geräusch ganz dünn ausläuft, uuu-uu-uu. So.«

Und er malte das hier.

»Oh, das ist hübsch! Viel besser als ein dünner Frosch. Mach weiter«, sagte Taffy und arbeitete mit ihrem Haifischzahn.

Ihr Papa malte weiter, und seine Hand zitterte, weil er so ziniert war. Er fuhr fort, bis er das hier gemalt hatte.

SHUJA

»Nicht hochschauen, Taffy«, sagte er. »Probier mal, ob du herauskriegen kannst, was das hier in der Tegumai-Sprache heißt. Wenn du es schaffst, haben wir das Geheimnis gefunden.«

»Schlange, Stange, kaputtes Ei, Karpfenflosse und Karpfenmaul«, sagte Taffy. »Shu-ja. Himmelswasser (Regen).« Gerade da fiel ein Tropfen auf ihre Hand, denn es hatte sich bewölkt. »Papa, es regnet ja! Wolltest du mir *das* sagen?«

»Na klar«, sagte ihr Papa. »Und ich habe es dir gesagt, ohne ein Wort zu sprechen, stimmt's?«

»Also, ich *glaube*, ich hätte es in einer Minute herausgehabt, aber nach dem Regentropfen war ich ganz sicher. ›Shu-ja‹ bedeutet ›Regen‹ oder ›es wird Regen geben‹. Mensch, Papa!« Sie sprang auf und tanzte um ihn herum. »Stell dir vor, du gehst weg, bevor ich aufwache, und du malst ›Shu-ja‹ in den Ruß an der Wand, dann weiß ich, dass es Regen gibt, und nehme gleich meine Biberfellkapuze mit. Da wäre Mama aber überrascht!«

Tegumai sprang auf und tanzte. (In jenen Tagen machte so etwas den Papas nichts aus.) »Mehr noch! Mehr noch!«, sagte er. »Nehmen wir an, ich wollte dir sagen, dass es nicht sonderlich regnen wird, und du sollst runter zum Fluss kommen, was würden wir da malen? Sag die Wörter erst in der Tegumai-Sprache.«

»Shu-ja-las, ja maru. (Himmelswasser hört auf. Fluss komm zum.) *So* viele neue Geräusche! Ich habe keine Ahnung, wie wir die malen sollen.«

»Ich aber schon, ich schon!«, sagte Tegumai. »Pass nur noch eine Minute auf, und dann machen wir Schluss für heute. Wir haben ›Shu-ja‹ schon fertig, oder? Aber dieses ›las‹ ist eine harte Nuss. L-L-L!« Und er schwenkte seinen Haifischzahn.

»Am Ende ist die Zischelschlange, und vor der Schlange ist das Karpfenmaul – as, as, as. Wir brauchen bloß noch L-L«, sagte Taffy.

»Ich weiß, aber das L-L müssen wir machen. Und wir sind die ersten Menschen auf der ganzen Welt, die je versucht haben, das zu tun, Taffimai.«

»Tja«, sagte Taffy gähnend, denn sie war ziemlich müde. »›Las‹ bedeutet ›zerbrechen‹ oder ›leer machen‹ genauso wie ›aufhören‹, stimmt's?«

»So ist es«, sagte Tegumai. »›Jo-las‹ bedeutet, dass Mama kein Wasser mehr im Trog hat, womit sie kochen kann – ausgerechnet wenn ich jagen gehen muss.«

»Und ›Shi-las‹ bedeutet, dass der Speer zerbrochen ist. Wenn ich doch bloß *daran* gedacht hätte, statt für den Fremden dumme Biberbilder zu malen!«

»L! L! L!«, sagte Tegumai und fuchtelte stirnrunzelnd mit seinem Stock. »Oh, verflixt!«

»Ich hätte ›Shi‹ ganz leicht malen können«, fuhr Taffy fort. »Dann hätte ich deinen Speer ganz zerbrochen gemalt – so!« Und sie malte.

»Ganz genau«, sagte Tegumai. »Das sieht eindeutig nach L aus. Es ist auch ganz anders als die anderen Zeichen.« Und er malte das hier.

»Jetzt *ja.* Oh, das haben wir ja schon gemacht. Jetzt ›maru‹. M-m-m. M macht den Mund zu, stimmt's? Dann malen wir einen geschlossenen Mund, so.« Und er malte.

»Dann das offene Karpfenmaul. Das gibt Ma-ma-ma. Aber was machen wir mit diesem rrrrr-Dings, Taffy?«

»Das klingt rau und eckig wie deine Haifischzahnsäge, wenn du ein Brett für das Kanu zurechtsägst«, sagte Taffy.

»Du meinst, ganz scharf an den Kanten wie das hier?«, sagte Tegumai und malte.

»Genau«, sagte Taffy. »Aber wir brauchen nicht die ganzen Zähne; mach bloß zwei.«

»Ich male einfach nur einen«, sagte Tegumai. »Wenn unser Spiel das wird, was ich glaube, dann ist es für alle besser, wenn wir unsere Klangbilder möglichst einfach machen.« Und er zeichnete.

»*Jetzt* haben wir es«, sagte Tegumai und stellte sich auf ein Bein. »Ich male sie jetzt alle auf einer Schnur, wie Fische.«

»Sollten wir nicht lieber kleine Stöckchen oder so was zwischen die Wörter tun, damit sie sich nicht aneinander reiben und drängeln wie die Karpfen?«

»Oh, ich lasse einfach einen Abstand«, sagte ihr Papa. Und sehr aufgeregt malte er sie alle, ohne anzuhalten, auf ein großes neues Stück Birkenrinde.

»Shu-ja-las ja-maru«, sagte Taffy und las alles Klang für Klang.

»Das reicht für heute«, sagte Tegumai. »Außerdem wirst du müde, Taffy. Das macht aber nichts, mein Schatz. Morgen kriegen wir alles fertig, und dann wird man noch Jahre und Jahre nachdem die größten Bäume, die du siehst, zu Kleinholz gehackt sind, an uns denken.«

Also gingen sie nach Hause, und den ganzen Abend saß Tegumai auf einer Seite des Feuers und Taffy auf der anderen, und sie malten Jas und Jos und Shus und Shis in den Ruß an der Wand, und sie kicherten zusammen, bis ihre Mama sagte: »Also wirklich, Tegumai, du bist noch schlimmer als meine Taffy.«

»Mach dir nichts draus«, sagte Taffy. »Das ist bloß unsere Geheimüberraschung, liebste Mama, und wir erzählen dir alles darüber, sowie sie fertig ist, aber bitte frag mich *jetzt* nicht, was es ist, denn dann muss ich es verraten.«

Also passte ihre Mama gut auf, nicht zu fragen.

Und frisch und früh am nächsten Morgen ging Tegumai hinunter zum Fluss, um sich neue Klangbilder auszudenken, und als Taffy aufstand, sah sie, dass auf dem großen steinernen Wassertrog draußen vor der Höhle *Ja-las* mit Kreide geschrieben stand (Wasser hört auf oder geht aus).

»Hmm«, sagte Taffy. »Diese Bild-Klänge sind ziemlich lästig. Das ist genauso gut, wie wenn Papa selber hergekommen wäre und mir gesagt hätte, ich soll Mama Wasser zum Kochen holen.« Sie ging zur Quelle hinter dem Haus und füllte den Trog mit einem Rindeneimer, und dann rannte sie hinunter zum Fluss und zog ihren Papa am linken Ohr – dem Ohr, das ihr gehörte zum Dranziehen, wenn sie brav war.

»Jetzt komm mit, dann malen wir alle Klangbilder, die noch übrig sind«, sagte ihr Papa. Und sie hatten einen höchst aufregenden Tag dabei; mit einem feinen Essen in der Mitte und zweimal Toben.

Als sie zum T kamen, sagte Taffy, da ihr Name und der ihres Papas und ihrer Mama alle mit diesem Geräusch anfingen, sollten sie eine Familiengruppe malen, in der sich alle an den Händen hielten. Das konnte man auch ein- oder zweimal ganz gut malen, aber als sie es sechs- oder siebenmal zeichnen mussten, wurde es immer krakeliger, bis schließlich das T-Geräusch nur noch ein langer, dünner Tegumai war, der seine Arme ausstreckte, um Taffy und Teschumai an der Hand zu fassen. Du kannst an diesen drei Bildern sehen, wie das kam.

So einige der anderen Bilder waren am Anfang viel zu schön, besonders vor dem Essen, aber als sie wieder und wieder in die Birkenrinde gekratzt wurden, wurden sie hässlicher und einfacher, bis zuletzt selbst Tegumai sagte, er habe nichts mehr an ihnen auszusetzen. Für den Z-Klang drehten sie die Zischelschlange um, um zu zeigen, dass sie beleidigt zurückzischte,

und für das e machten sie einfach eine Art Kringel, weil es so oft in den Bildern auftauchte.

Und sie malten Bilder vom Heiligen Biber der Tegumais für den B-Klang, und weil der N-Klang so ein widerlich nasiger Klang

war, malten sie dafür immer bloß Nasen,

bis sie müde wurden, und sie malten ein Bild vom Maul des großen Seehechts für den gierigen G-Klang,

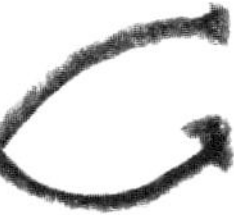

und dann malten sie noch einmal ein Seehechtmaul mit einem Speer dahinter für den kratzigen, wehtuenden K-Klang.

Und sie malten Bilder von einem kleinen Stückchen des Wagai-Flusses für den hübschen Winde-Wende-W-Klang

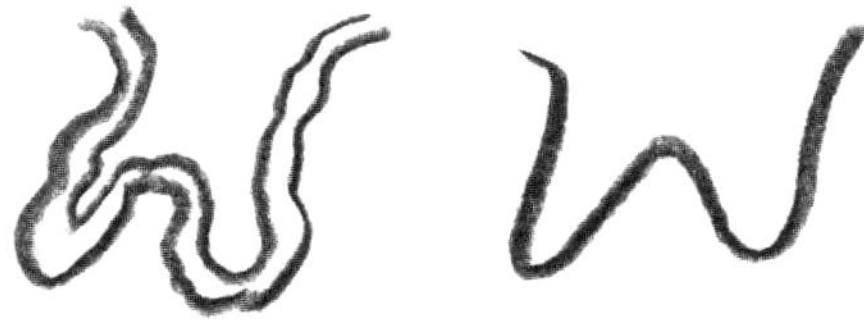

und so weiter und so fort und so außerdem, bis sie fertig waren und alle Klangbilder aufgemalt hatten, die sie brauchten, und da war das Alphabet ganz vollständig.

Und nach Tausenden und Tausenden und Tausenden von Jahren, und nach den Hieroglyphen und der demotischen und der nilotischen und der kryptischen und der kufischen Schrift und den Runen und den Doren und den Ionen und allen möglichen anderen Horen und Ikonen (weil die Wuhns und die Negusse und die Achuhns und die Repositorien der Tradition etwas Gutes, das ihnen unterkam, nicht in Ruhe lassen konnten), bekam das gute, alte, einfache, verständliche Alphabet – A, B, C, D, E und alle Übrigen – wieder seine richtige Form, damit alle Herzensschätze es lernen können, wenn sie groß genug sind.

Aber *ich* erinnere mich an Tegumai Bopsulai und Taffimai Metallumai und Teschumai Tuindrau, ihre liebe Mama, und an all die vergangenen Tage. Und es war so – exakt so – vor langer Zeit, am Ufer des großen Wagai.

DIE KRABBE, DIE MIT DEM MEER SPIELTE

Vor den hohen und fernen Zeiten, mein Herzensschatz, war die Zeit des Ersten Anfangs; und das waren die Tage, als der Älteste Zauberer alles bereit machte. Zuerst machte er die Erde bereit, dann machte er das Meer bereit und dann sagte er allen Tieren, sie könnten herauskommen und spielen.

Und die Tiere sagten: »O Ältester Zauberer, was sollen wir denn spielen?«

Und er sagte: »Das werde ich euch zeigen.«

Er nahm den Elefanten – Alles-an-Elefant-was-es-gab – und sagte: »Spiel, dass du ein Elefant bist«, und Alles-an-Elefant-was-es-gab spielte.

Er nahm den Biber – Alles-an-Biber-was-es-gab – und sagte: »Spiel, dass du ein Biber bist«, und Alles-an-Biber-was-es-gab spielte.

Er nahm die Kuh – Alles-an-Kuh-was-es-gab – und sagte: »Spiel, dass du eine Kuh bist«, und Alles-an-Kuh-was-es-gab spielte.

Er nahm die Schildkröte – Alles-an-Schildkröte-was-es-gab – und sagte: »Spiel, dass du eine Schildkröte bist«, und Alles-was-es-an-Schildkröte-gab spielte.

Ein Tier nach dem anderen nahm er, und die Vögel und die Fische, und sagte ihnen, was sie spielen sollten.

Aber gegen Abend, wenn die Leute und Sachen unruhig und müde werden, kam der Mensch heran (Mit seiner kleinen Mädchentochter?) – ja, mit seiner kleinen Herzensschatz-Mädchentochter auf der Schulter –, und er sagte: »Was für ein Spiel ist das, Ältester Zauberer?«

Und der Älteste Zauberer sagte: »Ho, Sohn Adams, das ist das Spiel des Allerersten Anfangs, aber du bist zu klug für dieses Spiel.«

Und der Mensch salutierte und sagte: »Ja, ich bin zu klug für dieses Spiel, aber mach, dass alle Tiere mir gehorsam sind.«

Während nun die beiden miteinander redeten, machte sich Pau Amma, die Krabbe, die als Nächste drangekommen wäre, seitwärts davon und ging ins Meer, wobei sie vor sich hin murmelte: »Ich spiele mein Spiel allein in den tiefen Gewässern und ich werde nie diesem Sohn Adams gehorchen.« Niemand sah sie weggehen, außer der kleinen Tochter, die an des Mannes Schulter lehnte.

Und das Spiel ging weiter, bis keine Tiere mehr da waren, die ohne Spielregeln geblieben wären, und der Älteste Zauberer wischte sich den feinen Staub von den Händen und wanderte durch die Welt, um zu sehen, wie die Tiere spielten.

Er ging nach Norden, mein Herzensschatz, und er fand Alles-an-Elefant-was-es-gab, der mit seinen Stoßzähnen in der schönen sauberen Erde wühlte, die für ihn bereit gemacht worden war, und mit seinen Füßen darauf herumstampfte.

»Kun?«, fragte Alles-an-Elefant-was-es-gab, und das bedeutete: »Ist das so richtig?«

»Payah kun«, sagte der Älteste Zauberer, und das bedeutete: »Das ist vollkommen richtig so.« Und er hauchte die großen Steine und Erdklumpen an, die Alles-an-Elefant-was-es-gab herumgeworfen hatte, und sie wurden zum großen Himalaya-Gebirge, und das kannst du im Atlas nachschlagen.

Er ging nach Osten und er fand Alles-an-Kuh-was-es-gab auf der Wiese weiden, die für sie bereit gemacht worden war, und sie legte ihre Zunge um einen ganzen Wald auf einmal und verschluckte ihn und ließ sich dann zum Wiederkäuen nieder.

»Kun?«, fragte Alles-an-Kuh-was-es-gab.

»Payah kun«, sagte der Älteste Zauberer. Und er hauchte den kahlen Fleck an, wo sie gefressen hatte, und die Stelle, wo sie sich niedergelassen hatte, und der eine wurde zur Großen Indischen Wüste und die andere zur Wüste Sahara, und du kannst beide im Atlas nachschlagen.

Er ging nach Westen und er fand Alles-an-Biber-was-es-gab, der einen Biberdamm über die Mündungen der breiten Flüsse baute, die für ihn bereit gemacht worden waren.

»Kun?«, fragte Alles-an-Biber-was-es-gab.

»Payah kun«, sagte der Älteste Zauberer. Und er hauchte die umgestürzten Bäume und das stille Wasser an, und daraus wurden die Everglades in Florida, und die kannst du im Atlas nachschlagen.

Dann ging er nach Süden und fand Alles-an-Schildkröte-was-es-gab, die mit ihren Flossen im Sand kratzte, der für sie bereit gemacht worden war, und der Sand und die Steine wirbelten durch die Luft und fielen weit weg ins Meer.

»Kun?«, fragte Alles-an-Schildkröte-was-es-gab.

»Payah kun«, sagte der älteste Zauberer. Und er hauchte den Sand und die Steine an, wo sie ins Meer gefallen waren, und daraus wurden die überaus schönen Inseln Borneo, Celebes, Sumatra, Java und der Rest des malayischen Archipels, und das kannst du auch im Atlas nachschlagen!

Bald darauf traf der Älteste Zauberer den Menschen am Ufer des Perakflusses und sagte: »Ho, Sohn Adams, gehorchen dir alle Tiere?«

»Ja«, sagte der Mann.

»Gehorcht dir die ganze Erde?«

»Ja«, sagte der Mann.

»Gehorcht dir das ganze Meer?«

»Nein«, sagte der Mann. »Einmal am Tag und einmal in der Nacht fließt das Meer den Perakfluss hinauf und drängt das Süßwasser in den Wald zurück, sodass mein Haus ganz nass wird. Einmal am Tag und einmal in der Nacht fließt es den Fluss hinab und zieht alles Wasser hinter sich her, sodass bloß noch Schlamm übrig bleibt und mein Kanu umkippt. Hast du ihm gesagt, dass es dieses Spiel spielen soll?«

»Nein«, sagte der Älteste Zauberer, »das ist ein neues und schlechtes Spiel.«

»Schau!«, sagte der Mann, und da kam schon das große Meer die Mündung des Perakflusses herauf und drängte den Fluss zurück, bis er alle dunklen Wälder meilen- und meilenweit überschwemmte und das Haus des Mannes überflutete.

»Das ist verkehrt. Setz dein Kanu ins Wasser, und dann werden wir herausfinden, wer mit dem Meer spielt«, sagte der Älteste Zauberer.

Sie stiegen in das Kanu, die kleine Mädchentochter kam mit ihnen, und der Mann nahm seinen *Kris* – einen gebogenen, gewellten Dolch mit einer Klinge wie eine Flamme –, und sie ruderten auf den Perakfluss hinaus. Da begann das Meer immer weiter zurückzufließen, und das Kanu wurde aus der Mündung des Perakflusses herausgesogen, an Selangor, an Malakka, an Singapur vorbei, hinaus und immer weiter bis zur Insel Bintan, als würde es an einer Schnur gezogen.

Da stand der Älteste Zauberer auf und rief laut: »Ho! Tiere,

Vögel und Fische, die ich am Allerersten Anfang zwischen meinen Händen gehalten und gelehrt habe, was sie spielen sollen – wer von euch spielt mit dem Meer?«

Da sagten alle Tiere, Vögel und Fische einstimmig: »Ältester Zauberer, wir spielen die Spiele, die du uns beigebracht hast – wir und unsere Kindeskinder. Aber nicht einer von uns spielt mit dem Meer.«

Da ging der Mond groß und voll über dem Wasser auf, und der Älteste Zauberer sagte zu dem buckligen alten Mann, der im Mond sitzt und eine Angelschnur spinnt, mit der er hofft, eines Tages die Welt zu fangen: »Ho! Fischer im Mond, spielst du mit dem Meer?«

»Nein«, sagte der Fischer. »Ich spinne eine Schnur, mit der ich eines Tages die Welt fangen werde, aber ich spiele nicht mit dem Meer.« Und er spann weiter an seiner Schnur.

Nun gibt es aber auch noch eine Ratte im Mond, die immer die Schnur des Fischers abbeißt, kaum dass er sie gemacht hat, und der Älteste Zauberer sagte zu ihr: »Ho! Ratte im Mond, spielst *du* mit dem Meer?«

Und die Ratte sagte: »Ich habe zu viel damit zu tun, die Angelschnur durchzubeißen, die der alte Fischer spinnt. Ich spiele nicht mit dem Meer.« Und sie fuhr fort, die Angelschnur durchzubeißen.

Da streckte die kleine Mädchentochter ihre kleinen weichen braunen Arme mit den schönen weißen Muschelarmbändern in die Höhe und sagte: »O Ältester Zauberer! Als mein Vater am Allerersten Anfang mit dir sprach und ich mich an seine Schulter lehnte, während die Tiere ihre Spiele beigebracht kriegten, da war ein Tier ungezogen und ging weg ins Meer, ehe du ihm sein Spiel beigebracht hattest.«

Und der Älteste Zauberer sagte: »Wie klug kleine Kinder sind, die sehen und schweigen! Wie sah dieses Tier aus?«

Und die kleine Mädchentochter sagte: »Es war rund und es war flach, und seine Augen wuchsen auf Stängeln, und es ging seitwärts – so –, und sein Rücken war mit einem starken Panzer bedeckt.«

Und der Älteste Zauberer sagte: »Wie klug sind kleine Kinder, die die Wahrheit sagen! Jetzt weiß ich, wo Pau Amma hingegangen ist. Gib mir das Paddel!«

Also nahm er das Paddel, aber es war gar nicht nötig zu paddeln, denn das Wasser floss gleichmäßig an allen Inseln vorbei, bis sie an den Ort kamen, der Pusat Tasek heißt – das Herz des Meeres –, wo die große Höhle ist, die hinabführt zum Herzen der Welt. Und in dieser Höhle wächst der Wunderbaum Pauh Janggi, der die Zauberzwillingsnüsse trägt.

Da tauchte der Älteste Zauberer seinen Arm bis zur Schulter in das tiefe warme Wasser, und unter den Wurzeln des Wunderbaums berührte er den breiten Rücken Pau Ammas, der Krabbe. Und Pau Amma ließ sich bei der Berührung sinken, und das ganze Meer stieg an, so wie Wasser in einem Waschbecken steigt, wenn du deine Hand hineinsteckst.

»Ah!«, sagte der Älteste Zauberer. »Jetzt weiß ich, wer immer mit dem Meer spielt.« Und er rief laut: »Was machst du, Pau Amma?«

Und Pau Amma, ganz tief unten, antwortete: »Einmal bei Tag und einmal in der Nacht gehe ich aus, um nach Essen zu suchen.

Einmal am Tag und einmal in der Nacht kehre ich zurück. Lass mich in Ruhe.«

Da sagte der Älteste Zauberer: »Hör zu, Pau Amma, wenn du aus deiner Höhle kommst, dann fließen die Wasser des Meeres nach Pusat Tasek hinunter, und alle Strände von allen Inseln liegen bloß, und die kleinen Fische sterben, und Raja Moyang Kaban, der König der Elefanten, der bekommt ganz schlammige Beine. Wenn du heimkehrst und dich in Pusat Tasek hinsetzt, dann steigen die Wasser des Meeres, und die Hälfte der kleinen Inseln geht unter, und das Haus des Menschen wird überflutet, und Raja Abdullah, der König der Krokodile, dem füllt sich das Maul mit Salzwasser.«

Da lachte Pau Amma ganz tief da unten und sagte: »Ich wusste nicht, dass ich so wichtig bin. Von nun an werde ich siebenmal am Tag ausgehen, und die Wasser werden nie ruhig sein.«

Und der Älteste Zauberer sagte: »Ich kann dich nicht zwingen, das Spiel zu spielen, das für dich vorgesehen war, Pau Amma, weil du mir am Allerersten Anfang entwischt bist. Aber wenn du keine Angst hast, dann komm hoch und wir reden darüber.«

»Ich habe keine Angst«, sagte Pau Amma, und sie stieg im Mondlicht zur Meeresoberfläche auf. Niemand auf der Welt war so groß wie Pau Amma – denn sie war die Königskrabbe aller Krabben. Keine gewöhnliche Krabbe, eine Königskrabbe. Die eine Seite ihrer großen Schale berührte den Strand bei Sarawak, die andere berührte den Strand bei Pahang, und sie war höher als der Rauch von drei Vulkanen! Als sie durch die Äste des Wunderbaums heraufkam, riss sie eine der großen Zwillingsfrüchte ab – der doppelkernigen Zaubernüsse, die jung machen –, und die kleine Mädchentochter sah sie neben dem Kanu im Wasser tanzen und zog sie heraus und begann, die weichen Kerne mit ihrer kleinen goldenen Schere herauszupulen.

»Jetzt«, sagte der Zauberer, »mach einen Zauber, Pau Amma, um zu zeigen, dass du wirklich wichtig bist.«

Pau Amma rollte mit den Augen und wackelte mit den Beinen, aber sie konnte nur das Meer aufwühlen, denn sie war zwar eine Königskrabbe, aber dennoch war sie nichts weiter als eine Krabbe, und der Älteste Zauberer lachte.

»Du bist doch nicht so wichtig«, sagte er. »Jetzt lass es mich einmal versuchen.« Und er zauberte mit seiner linken Hand – nur mit dem kleinen Finger seiner linken Hand. Und siehe da, mein Herzensschatz, Pau Ammas harter, blau-grün-schwarzer Panzer fiel von ihr ab, wie die Schale von der Kokosnuss, und Pau Amma war auf einmal so weich wie die kleinen Krabben, die du manchmal am Strand findest, mein Herzensschatz.

»In der Tat bist du höchst wichtig«, sagte der Älteste Zauberer. »Soll ich den Menschen hier bitten, dich mit seinem Kris zu stechen? Soll ich nach Raja Moyang Kaban, dem König der Elefanten, senden, damit er dich mit seinen Stoßzähnen durchbohrt? Oder soll ich Raja Abdullah, den König der Krokodile, rufen, damit er dich beißt?«

Und Pau Amma sagte: »Ich schäme mich! Gib mir meinen harten Panzer wieder und lass mich nach Pusat Tasek zurückkehren, und ich werde nur einmal am Tag und einmal bei Nacht hervorkommen, um mir Essen zu besorgen.«

Und der Älteste Zauberer sagte: »Nein, Pau Amma, ich werde dir deinen Panzer *nicht* zurückgeben, denn du wirst größer und hochmütiger und stärker werden, und dann vergisst du vielleicht dein Versprechen und spielst wieder mit dem Meer.«

Da sagte Pau Amma: »Was soll ich denn tun? Ich bin so groß, dass ich mich nur in Pusat Tasek verstecken kann, und wenn ich woandershin gehe, so weich, wie ich inzwischen bin, werden mich die Haie und die HUNDSFISCHE fressen.

Und wenn ich nach Pusat Tasek gehe, so weich, wie ich inzwischen bin, dann bin ich zwar vielleicht sicher, aber ich kann mich nicht hinauswagen, um Essen zu holen – also werde ich sterben.« Sie wedelte mit den Beinen und jammerte.

»Hör zu, Pau Amma«, sagte der Älteste Zauberer. »Ich kann dich nicht zwingen, das Spiel zu spielen, für das du vorgesehen warst, weil du mir am Allerersten Anfang entwischt bist. Aber wenn du willst, kann ich jeden Stein und jedes Loch und jeden Büschel Seegras in allen Meeren für immer zu einem sicheren Pusat Tasek für dich und deine Kinder machen.«

Da sagte Pau Amma: »Das ist gut, aber ich entscheide mich noch nicht. Sieh mal! Da ist dieser Mensch, der beim Allerersten Anfang mit dir gesprochen hat. Wenn er dich nicht abgelenkt hätte, dann hätte ich das Warten nicht sattgehabt und wäre nicht weggelaufen, und das Ganze wäre nicht passiert. Was wird *er* für mich tun?«

Und der Mensch sagte: »Wenn du willst, zaubere ich, dass sowohl das tiefe Wasser als auch der trockene Boden eine Heimstatt für dich und deine Kinder sind – sodass ihr euch an Land und im Meer verstecken könnt.«

Und Pau Amma sagte: »Ich entscheide mich noch nicht. Seht mal! Da ist das Mädchen, das gesehen hat, wie ich beim Allerersten Anfang weglief. Hätte sie damals etwas gesagt, hätte mich der Älteste Zauberer zurückgerufen, und das Ganze wäre nie passiert. Was wird *sie* für mich tun?«

Und die kleine Mädchentochter sagte: »Diese Nuss, die ich gerade esse, ist sehr gut. Wenn du willst, zaubere ich und gebe dir diese Schere, die scharf und stark ist, sodass du und deine

Kinder den ganzen Tag solche Kakaonüsse essen könnt, wenn ihr aus dem Meer an Land kommt. Oder du kannst mit der Schere, die dein Eigentum ist, einen eigenen Pusat Tasek graben, wenn kein Stein oder Loch in der Nähe ist. Und wenn die Erde zu hart ist, kannst du mithilfe der Schere einen Baum hinauflaufen.«

Und Pau Amma sagte: »Ich entscheide mich noch nicht, denn so weich, wie ich inzwischen bin, würden diese Geschenke mir nicht helfen. Gib mir meinen Panzer zurück, o Ältester Zauberer, und dann spiele ich dein Spiel.«

Und der Älteste Zauberer sagte: »Ich gebe ihn dir zurück, Pau Amma, für elf Monate im Jahr, aber während des zwölften Monats wird er wieder weich, um dich und all deine Kinder daran zu erinnern, dass ich zaubern kann, und damit du bescheiden bleibst, Pau Amma. Denn wenn du unter Wasser und an Land herumlaufen kannst, wirst du zu tollkühn, und wenn du mit deinen Scheren auf Bäume klettern und Nüsse knacken und Löcher graben kannst, dann wirst du zu gierig, das sehe ich voraus, Pau Amma.«

Da dachte Pau Amma ein wenig nach und sagte dann: »Ich habe mich entschieden. Ich nehme die ganzen Geschenke.«

Da zauberte der Älteste Zauberer mit seiner rechten Hand, mit allen fünf Fingern seiner rechten Hand, und siehe da, mein Herzensschatz, da wurde Pau Amma immer kleiner, bis schließlich nur noch eine kleine grüne Krabbe neben dem Kanu im Wasser herumschwamm und mit einer sehr kleinen Stimme schrie: »Gib mir die Schere!«

Und die Mädchentochter hob sie mit ihrer kleinen braunen

Hand heraus und setzte sie auf den Boden des Kanus und gab ihr die Schere.

Und die Krabbe fuchtelte mit ihren Ärmchen herum und machte sie auf und zu und ließ sie schnappen und sagte: »Ich kann Nüsse essen. Ich kann Muscheln aufbrechen. Ich kann Löcher graben. Ich kann auf Bäume klettern. Ich kann an der trockenen Luft atmen, und ich kann einen sicheren Pusat Tasek unter jedem Stein finden. Ich wusste gar nicht, dass ich so wichtig bin. Kun?« (Ist das richtig?)

»Payah kun«, sagte der Älteste Zauberer, und er lachte und gab ihr seinen Segen.

Und die kleine Pau Amma krabbelte über den Rand des Kanus ins Wasser.

Und sie war so winzig, dass sie sich an Land unter dem Schatten eines trockenen Blatts hätte

verstecken können und am Meeresgrund unter dem Schatten einer toten Muschel.

»War das gut gemacht?«, fragte der Älteste Zauberer.

»Ja«, sagte der Mensch. »Aber jetzt müssen wir zum Perak zurück, und das wird eine mühsame Paddelei. Wenn wir gewartet hätten, bis Pau Amma Pusat Tasek verlassen hätte und wieder heimgekommen wäre, dann hätte uns das Wasser von selber hingetragen.«

»Du bist faul«, sagte der Älteste Zauberer. »Also werden auch deine Kinder faul sein. Sie werden die faulsten Leute der Welt sein. Man wird sie die Fauluken nennen – die faulen Leute.« Und er deutete mit dem Finger zum Mond und sagte:

»O Fischer, hier habe ich einen Menschen, der zu faul ist
heimzurudern. Zieh sein Kanu mit deiner Angel nach
Hause, Fischer.«

»Nein«, sagte der Mensch. »Wenn ich all mein Lebtag faul sein soll, dann lass das Meer für immer zweimal am Tag für mich arbeiten. Das erspart mir das Paddeln.«

Und der Älteste Zauberer lachte und sagte: »Payah kun (Das stimmt).«

Und die Ratte im Mond hörte auf, die Angelschnur abzubeißen, und der Fischer ließ seine Schnur hinunter, bis sie das Meer berührte, und er zog das ganze tiefe Meer hinter sich her, an der Insel Bintang vorbei, an Singapur, Malacca und Selangor vorbei, bis das Kanu wieder in die Mündung des Perakflusses trieb.

»Kun?«, fragte der Fischer im Mond.

»Payah kun«, sagte der Älteste Zauberer. »Sorge ab jetzt dafür, dass du das Meer immer zweimal am Tag und zweimal bei Nacht ziehst, damit dem faulukischen Fischer das Paddeln erspart bleibt. Aber pass auf, dass du nicht zu fest ziehst, sonst verzaubere ich dich, wie ich es bei Pau Amma gemacht habe.«

Dann fuhren sie alle den Perakfluss hinauf und gingen ins Bett, mein Herzensschatz.

Jetzt hör zu und pass auf!

Seit jenem Tag bis heute zieht der Mond immer das Meer hinauf und hinunter und macht, was wir die Gezeiten nennen. Manchmal zieht der Meerfischer ein bisschen zu fest, und dann bekommen wir eine Springflut, und manchmal zieht er ein bisschen zu wenig, dann bekommen wir eine Nippflut, aber er passt fast immer auf wegen des Ältesten Zauberers.

Und Pau Amma? Wenn du zum Strand gehst, kannst du sehen, wie alle Babys von Pau Amma sich kleine Pusat Taseks unter jedem Stein und jedem Grasbüschel auf dem Sand bauen.

Du kannst sehen, wie sie mit ihren kleinen Scheren fuchteln. Und in manchen Weltgegenden leben sie sogar auf dem trockenen Land und laufen die Palmen hinauf und essen Kakaonüsse, genau wie die Mädchentochter es versprochen hat. Aber einmal im Jahr müssen alle Pau Ammas ihren harten Panzer abwerfen und ganz weich sein – um sich daran zu erinnern, was der Älteste Zauberer alles konnte. Deshalb ist es nicht recht, Pau Ammas Babys umzubringen oder zu jagen, bloß weil die alte Pau Amma vor sehr langer Zeit dumm und ungezogen war.

Ach ja! Und Pau Ammas Babys können es nicht ausstehen, aus ihren kleinen Pusat Taseks herausgeholt und in Einmachgläsern nach Hause gebracht zu werden. Deshalb zwicken sie dich mit ihren Scheren, und das geschieht dir recht!

DIE KATZE, DIE IHRE EIGENEN WEGE GING

Hör zu und pass auf und lausche, denn Folgendes trug sich zu und geschah und wurde und war, mein Herzensschatz, als die Haustiere noch wild waren. Der Hund war wild, und das Pferd war wild, und die Kuh war wild, und das Schaf war wild, und das Schwein war wild – so wild, wie man nur sein kann –, und sie liefen in den Feuchten Wilden Wäldern mutterseelenwildallein herum. Aber das wildeste von allen wilden Tieren war die Katze. Sie ging ihre eigenen Wege, und ein Ort war wie der andere für sie.

Natürlich war auch der Mensch wild. Er war entsetzlich wild. Er war nicht einmal ansatzweise zahm, ehe er der Frau begegnete, die ihm sagte, sie hätte keine Lust, nach seinen wilden Sitten zu leben. Sie wählte eine hübsche trockene Höhle aus statt einen Haufen feuchter Blätter zum Darauffliegen, und sie bestreute den Boden mit sauberem Sand, und sie machte hinten in der Höhle ein schönes Holzfeuer, und sie hängte ein getrocknetes Wildpferdfell mit dem Schwanz nach unten vor den Höhleneingang, und sie sagte: »Liebling, putz dir die Füße ab, wenn du reinkommst, und jetzt gründen wir einen Hausstand.«

An diesem Abend, mein Herzensschatz, aßen sie Wildschaf, auf heißen Steinen gebraten und gewürzt mit wildem Knoblauch und wildem Pfeffer; und Wildente, gefüllt mit Wildreis und wildem Bockshornklee und wildem Koriander; und Markknochen von Wildochsen und wilde Kirschen und wilde Granatäpfel. Dann schlief der Mann ganz glücklich neben dem

Feuer ein, aber die Frau blieb noch sitzen und kämmte ihr Haar. Sie nahm den Knochen von der Hammelschulter – den großen flachen Schulterblattknochen – und sie betrachtete die wunderlichen Zeichen darauf, und sie warf noch mehr Holz ins Feuer, und sie machte einen Zauber. Sie machte den ersten Singezauber der Welt.

Draußen in den Feuchten Wilden Wäldern versammelten sich alle Tiere an einer Stelle, wo sie das Feuer in der Ferne leuchten sehen konnten, und sie fragten sich, was das zu bedeuten hatte.

Da stampfte das Wildpferd mit seinem Wildhuf auf und sagte: »O meine Freunde und o meine Feinde, warum haben Mann und Frau dieses große Licht in der großen Höhle gemacht, und was wird es uns für einen Schaden zufügen?«

Der Wildhund hob seine Wildnase und roch den Geruch des Hammelbratens und sagte: »Ich werde hinaufgehen und sehen und gucken und berichten, denn ich glaube, es ist gut. Katze, komm mit.«

»Neenee«, sagte die Katze. »Ich bin die Katze, die ihre eigenen Wege geht, und ein Ort ist wie der andere für mich. Ich komme nicht mit.«

»Dann können wir nie mehr Freunde sein«, sagte der Wildhund, und er trabte davon zur Höhle. Aber als er schon eine kleine Strecke gelaufen war, sagte die Katze zu sich: »Ein Ort ist wie der andere für mich. Warum soll ich nicht auch hingehen und sehen und gucken und dann wieder weggehen, wie mir beliebt?« Also schlich sie leise, ganz leise hinter dem Wildhund her und versteckte sich, wo sie alles sehen und hören konnte.

Als der Wildhund den Höhleneingang erreichte, hob er das

getrocknete Pferdefell mit seiner Nase an und schnüffelte den herrlichen Geruch des Hammelbratens, und die Frau hörte ihn, während sie noch das Schulterblatt betrachtete, lachte und sagte: »Hier kommt der Erste. Wildes Wesen aus dem Wilden Wald, was willst du?«

Der Wildhund sagte: »O meine Feindin und Frau meines Feindes, was ist das, das im Wilden Wald so gut riecht?«

Da nahm die Frau einen gebratenen Hammelknochen und warf ihn dem Hund zu und sagte: »Wildes Wesen aus dem Wilden Wald, probier mal und lass es dir schmecken.«

Der Wildhund nagte am Knochen, und der war köstlicher als alles, was er je geschmeckt hatte, und er sagte: »O meine Feindin und Frau meines Feindes, gib mir noch einen.«

Die Frau sagte: »Wildes Wesen aus dem Wilden Wald, hilf bei Tag meinem Mann jagen und bewache nachts diese Höhle, dann gebe ich dir so viele Bratenknochen, wie du brauchst.«

»Ah«, sagte die lauschende Katze, »das ist eine sehr kluge Frau, aber sie ist nicht so klug wie ich.«

Der Wildhund kroch in die Höhle und legte der Frau seinen Kopf auf den Schoß und sagte: »O meine Freundin und Frau meines Freundes, ich werde bei Tag deinem Mann helfen zu jagen, und in der Nacht werde ich eure Höhle bewachen.«

»Ah«, sagte die Katze, die lauschte. »Das ist ein sehr törichter Hund.« Und sie ging zurück durch den Feuchten Wilden Wald und peitschte mit ihrem Wildschwanz, und sie wanderte mutterseelenwildallein. Aber sie sagte es niemandem weiter.

Als der Mann aufwachte, sagte er: »Was macht denn der Wildhund hier?«

Und die Frau sagte: »Er heißt nicht mehr Wildhund, sondern Erster Freund, weil er für immer und immer und immer unser Freund sein wird. Nimm ihn mit, wenn du jagen gehst.«

Am nächsten Abend schnitt die Frau mehrere Armvoll frisches Gras auf den Wasserwiesen und trocknete es am Feuer, sodass es wie frisch gemähtes Heu roch. Und sie setzte sich an den Höhleneingang und flocht ein Halfter aus Pferdeleder, und sie betrachtete den Hammelschulterknochen – das große breite Schulterblatt –, und sie machte einen Zauber. Sie machte den zweiten Singezauber der Welt.

Draußen im Wilden Wald überlegten all die wilden Tiere, was wohl mit dem Wildhund passiert sein mochte, und schließlich stampfte das Wildpferd mit dem Huf auf und sagte: »Ich werde gehen und nachsehen und berichten, warum der Wildhund nicht zurückgekehrt ist. Katze, komm mit!«

»Neenee!«, sagte die Katze. »Ich bin die Katze, die ihre eigenen Wege geht, und ein Ort ist wie der andere für mich. Ich komme nicht mit.« Trotzdem aber folgte sie dem Wildpferd leise, ganz leise, und versteckte sich, sodass sie alles hören konnte.

Als die Frau hörte, wie das Wildpferd über seine lange Mähne stolperte, lachte sie und sagte: »Hier kommt der Zweite. Wildes Wesen aus dem Wilden Wald, was willst du?«

Das Wildpferd sagte: »Oh, meine Feindin und Frau meines Feindes, wo ist der Wildhund?«

Die Frau lachte und hob den Schulterblattknochen auf und schaute ihn an und sagte: »Wildes Wesen aus dem Wilden Wald, du bist nicht wegen dem Wildhund gekommen, sondern wegen diesem guten Gras.«

Und das Wildpferd stolperte über seine lange Mähne und sagte: »Das stimmt, gib mir zu essen.«

Die Frau sagte: »Wildes Wesen aus dem Wilden Wald, beug deinen wilden Kopf herab und trage, was ich dir schenke, dann sollst du dreimal am Tag das köstliche Gras essen.«

»Ah«, sagte die lauschende Katze. »Das ist eine kluge Frau, aber sie ist nicht so klug wie ich.«

Das Wildpferd beugte seinen wilden Kopf herab und die Frau zog das geflochtene Lederhalfter darüber, und das Pferd schnaubte auf die Füße der Frau und sagte: »O meine Herrin und Frau meines Herrn, ich will euer Diener sein, um des köstlichen Grases willen.«

»Ah«, sagte die lauschende Katze, »das ist ein sehr törichtes Pferd.« Und sie ging zurück durch den Feuchten Wilden Wald, peitschte mit ihrem wilden Schwanz und wanderte mutterseelenwildallein. Aber sie erzählte es niemandem weiter.

Als der Mann und der Hund vom Jagen zurückkamen, fragte der Mann: »Was macht das Wildpferd hier?«

Und die Frau sagte: »Es heißt nicht mehr Wildpferd, sondern Erster Diener, denn es wird uns für immer und immer und immer von Ort zu Ort tragen. Reite auf seinem Rücken, wenn du jagen gehst.«

Am nächsten Tag kam die Wildkuh zur Höhle – sie streckte ihren wilden Kopf hoch, damit sich ihre wilden Hörner nicht in den wilden Bäumen verfingen –, und die Katze folgte ihr und versteckte sich ganz genau wie zuvor. Und die Katze sagte das Gleiche wie zuvor, und als die Wildkuh versprochen hatte, der Frau täglich für das köstliche Gras ihre Milch zu geben, ging die Katze durch den Feuchten Wilden Wald zurück, peitschte mit ihrem wilden Schwanz und wanderte mutterseelenwildallein, genau wie zuvor. Aber sie erzählte es niemandem weiter.

Und als der Mann und der Hund und das Pferd vom Jagen zurückkamen und dieselben Fragen stellten wie zuvor, sagte die Frau: »Sie heißt nicht mehr Wildkuh, sondern Spenderin Guter Nahrung. Sie gibt uns für immer und immer und immer warme Milch, und ich werde mich um sie kümmern, während du und der Erste Freund und der Erste Diener jagen gehen.«

Am nächsten Tag wartete die Katze, ob sonst noch ein Wildes Wesen zur Höhle gehen würde, aber keiner rührte sich im Feuchten Wilden Wald, also ging die Katze alleine hin. Und sie sah, wie die Frau die Kuh melkte, und sie sah das Feuer in der Höhle leuchten, und sie roch den Duft der warmen weißen Milch.

Die Katze sagte: »O meine Feindin und Frau meines Feindes, wo ist die Wildkuh hingegangen?«

Die Frau lachte und sagte: »Wildes Wesen aus dem Wilden Wald, geh wieder in den Wald zurück, denn ich habe mein Haar hochgesteckt, und ich habe den Zauberschulterknochen weggeräumt, und wir brauchen keine Freunde und keine Diener mehr in unserer Höhle.«

Die Katze sagte: »Ich bin kein Freund und kein Diener. Ich bin die Katze, die ihre eigenen Wege geht, und ich möchte gern in deine Höhle kommen.«

Die Frau sagte: »Warum bist du denn dann nicht am ersten Abend mit dem Ersten Freund gekommen?«

Die Katze wurde sehr ärgerlich und sagte: »Hat der Wildhund Sachen über mich erzählt?«

Da lachte die Frau und sagte: »Du bist die Katze, die ihre eigenen Wege geht, und ein Ort ist wie der andere für dich.

Du bist weder Freund noch Diener. Das hast du selber gesagt. Geh weg und geh deine eigenen Wege an einem wie dem anderen Ort.«

Da tat die Katze so, als bedaure sie das sehr, und sagte: »Darf ich nie in die Höhle kommen? Darf ich nie am warmen Feuer sitzen? Darf ich nie die warme weiße Milch trinken? Du bist sehr klug und sehr schön. Du solltest nicht einmal einer Katze gegenüber grausam sein.«

Die Frau sagte: »Ich wusste, dass ich klug bin, aber ich wusste nicht, dass ich schön bin. Ich will dir also einen Handel

vorschlagen. Wenn ich jemals ein Wort des Lobes über dich sage, dann darfst du in die Höhle kommen.«

»Und wenn du zwei Worte des Lobes sagst?«, fragte die Katze.

»Das werde ich nie«, sagte die Frau, »aber wenn ich zwei Worte des Lobes sage, dann darfst du in der Höhle am Feuer sitzen.«

»Und wenn du drei Worte sagst?«, fragte die Katze.

»Das werde ich nie«, sagte die Frau, »aber wenn ich drei Worte des Lobes sage, dann darfst du für immer und immer und immer dreimal am Tag die warme weiße Milch trinken.«

Da machte die Katze einen Buckel und sagte: »Jetzt sollen sich der Vorhang am Höhleneingang und das Feuer hinten in der Höhle und die Milchtöpfe, die neben dem Feuer stehen, aber merken, was meine Feindin und Frau meines Feindes gesagt hat.« Und sie ging davon durch den Feuchten Wilden Wald,

peitschte mit ihrem wilden Schwanz und wanderte mutterseelenwildallein.

Als an diesem Abend der Mann und der Hund und das Pferd vom Jagen heimkamen, erzählte die Frau ihnen nicht von dem Handel, den sie mit der Katze abgeschlossen hatte, denn sie fürchtete, er würde ihnen nicht gefallen.

Die Katze ging weit, weit weg und versteckte sich lange Zeit ganz mutterseelenwildallein im Feuchten Wilden Wald, bis die Frau sie ganz vergessen hatte. Nur die Fledermaus – die kleine Kopfüber-Fledermaus –, die in der Höhle hing, wusste, wo sich die Katze versteckte, und jeden Abend flog die Fledermaus zur Katze und berichtete, was vor sich ging.

Eines Abends sagte die Fledermaus: »Es ist jetzt ein kleines Kind in der Höhle. Es ist neu und rosa und dick und klein, und die Frau hat es sehr gern.«

»Ah«, sagte die lauschende Katze, »aber was hat das kleine Kind gern?«

»Es mag Sachen, die weich sind und kitzeln«, sagte die Fledermaus. »Es mag gern etwas Warmes im Arm, wenn es einschläft. Es mag es, wenn man mit ihm spielt. All solche Sachen hat es gern.«

»Ah«, sagte die lauschende Katze, »dann ist meine Zeit gekommen.«

Am nächsten Abend lief die Katze durch den Feuchten Wilden Wald und versteckte sich bis zum Morgen ganz dicht bei der Höhle, und da gingen Mann und Hund und Pferd jagen. Die Frau war diesen Morgen mit Kochen beschäftigt, und das Kind schrie und störte sie. Also trug sie es vor die Höhle und gab ihm eine Handvoll Kieselsteine zum Spielen. Aber das Kind schrie immer noch.

Da streckte die Katze ihre weiche Pfote aus und streichelte das Kind an der Wange, und da gluckste es; und die Katze rieb sich an seinen dicken Knien und kitzelte es unter seinem dicken Kinn mit ihrem Schwanz. Und das Kind lachte, und die Frau hörte es und lächelte.

Da sagte die Fledermaus – die kleine Kopfüber-Fledermaus –, die im Höhleneingang hing: »O meine Gastgeberin und Frau meines Gastgebers und Mutter von meines Gastgebers Sohn,

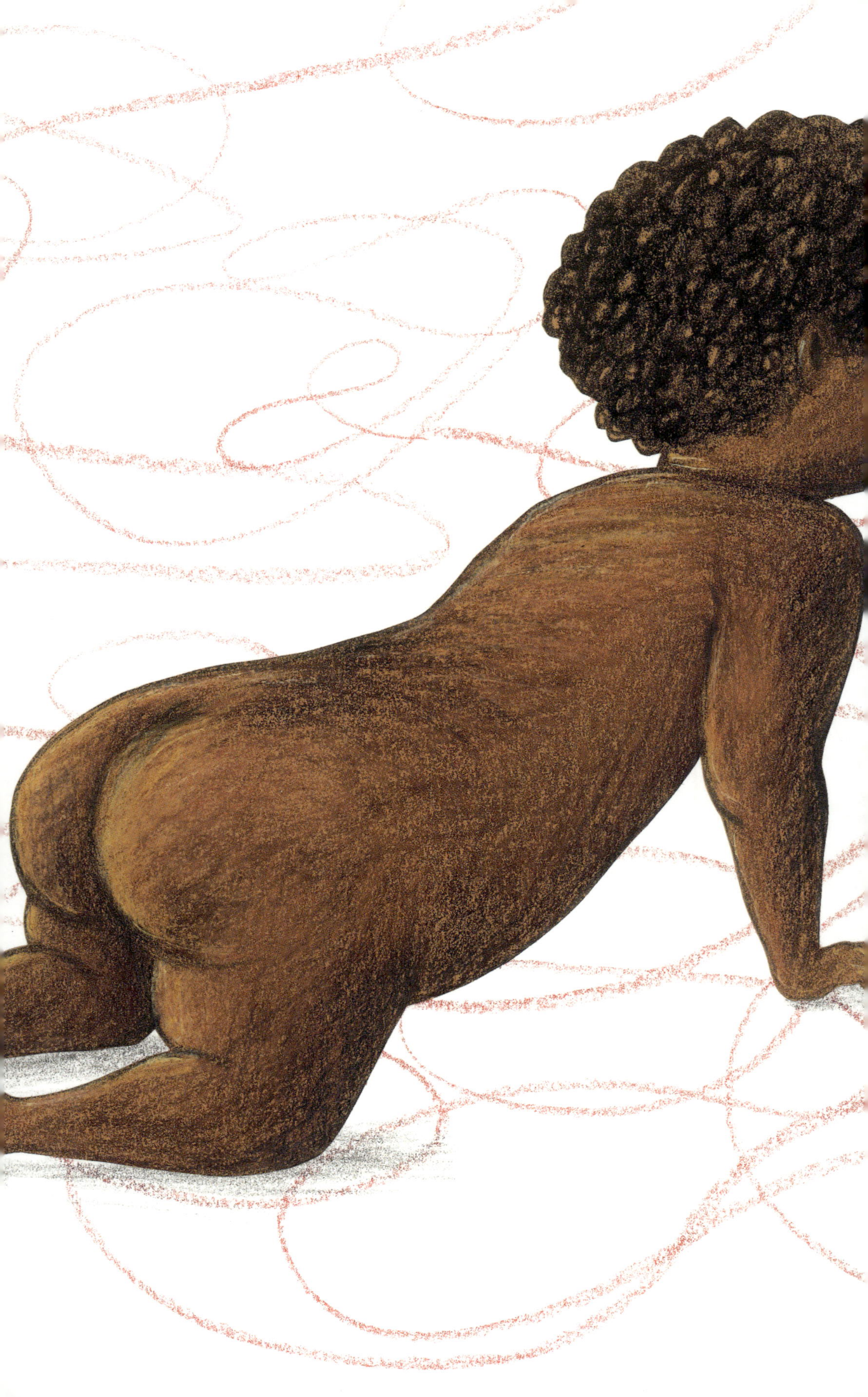

ein Wildes Wesen aus dem Wilden Wald spielt wunderschön mit deinem kleinen Kind.«

»Gesegnet sei dieses Wilde Wesen, wer auch immer es sei«, sagte die Frau und richtete sich auf, »denn ich hatte heute morgen viel zu tun, und es hat mir einen Dienst erwiesen.«

In dieser Minute und Sekunde fiel der Vorhang aus getrockneter Pferdehaut, der mit dem Schwanz nach unten vor den Höhleneingang gespannt war, hinunter – *wusch!* –, weil er sich an den Handel erinnerte, den die Frau mit der Katze abgeschlossen hatte. Und als sie ihn aufheben ging – siehe da! –, saß die Katze ganz gemütlich in der Höhle.

»Oh meine Feindin und Frau meines Feindes und Mutter meines Feindes«, sagte die Katze, »ich bin's. Denn du hast ein Wort des Lobes über mich gesprochen, und jetzt kann ich für immer und immer und immer in der Höhle sitzen. Aber ich bin trotzdem die Katze, die ihre eigenen Wege geht, und ein Ort ist wie der andere für mich.«

Die Frau war sehr verärgert, und sie presste die Lippen zusammen und nahm ihr Spinnrad und begann zu spinnen.

Aber das Baby schrie, weil die Katze nicht mehr bei ihm war, und die Frau konnte es nicht beruhigen, denn es fuchtelte mit den Armen und strampelte und wurde ganz blau im Gesicht.

»O meine Feindin und Frau meines Feindes und Mutter meines Feindes«, sagte die Katze. »Nimm ein Stück von dem Faden, den du da spinnst, und binde ihn an deinen SPINNWIRTEL und zieh ihn über den Boden, dann zeige ich dir einen Zauber, der dein Baby so laut zum Lachen bringen wird, wie es jetzt weint.«

»Das werde ich tun«, sagte die Frau, »denn ich bin mit meinem Latein am Ende; aber ich werde dir nicht dafür danken.«

Sie band den Faden an den kleinen tönernen Spinnwirtel und zog ihn über den Boden. Und die Katze rannte hinterher und fing ihn mit den Pfoten und machte einen Purzelbaum und warf ihn rückwärts über ihre Schulter und jagte ihn zwischen ihren Hinterbeinen und tat so, als verlöre sie ihn, und sprang ihn wieder an, bis das Baby ebenso laut lachte, wie es vorher geweint hatte, und hinter der Katze herkrabbelte und durch die Höhle tollte, bis es müde wurde und sich zum Schlafen niederlegte mit der Katze in den Armen.

»Jetzt«, sagte die Katze, »werde ich dem Baby ein Lied vorsingen, sodass es eine Stunde lang schläft.« Und sie begann zu schnurren, laut und tief, tief und laut, bis das Baby fest einschlief.

Die Frau schaute lächelnd auf die beiden hinunter und sagte: »Das hast du wunderbar gemacht. Ohne Frage bist du sehr gescheit, o Katze.«

In genau dieser Minute und Sekunde, mein Herzensschatz, kam der Ruß hinten in Wolken von der Höhlendecke herunter – *puff!* –, denn er erinnerte sich an den Handel, den die Frau mit der Katze abgeschlossen hatte, und als er sich verzog – siehe da! –, saß die Katze ganz gemütlich am Feuer.

»O meine Feindin und Frau meines Feindes und Mutter meines Feindes«, sagte die Katze, »ich bin's. Denn du hast ein zweites Wort des Lobes über mich gesprochen, und jetzt kann ich für immer und immer und immer hinten in der Höhle am warmen Feuer sitzen. Aber ich bin trotzdem die Katze, die ihre eigenen Wege geht, und ein Ort ist wie der andere für mich.«

Da wurde die Frau sehr, sehr ärgerlich, und sie ließ ihr Haar herunter und legte mehr Holz aufs Feuer und holte das breite Knochenblatt von der Hammelschulter und machte einen Zauber, der sie abhalten sollte, noch ein Wort des Lobes über die Katze zu sagen. Es war kein Singezauber, mein Herzensschatz, es war ein Stiller Zauber, und alsbald wurde es in der Höhle so still, dass eine klitzekleine Maus aus einer Ecke hervorkroch und über den Fußboden rannte.

»O meine Feindin und Frau meines Feindes und Mutter meines Feindes«, sagte die Katze, »gehört diese kleine Maus zu deinem Zauber?«

»Auu! Tschiii! Aber nein!«, sagte die Frau, und sie ließ den Schulterknochen fallen und sprang auf einen Schemel vor dem Feuer und flocht ihre Haare ganz schnell wieder auf, aus Angst, die Maus würde daran hochlaufen.

»Ah«, sagte die Katze, die zuschaute. »Dann wird es mir nicht schaden, wenn ich die Maus fresse?«

»Nein«, sagte die Frau, während sie ihr Haar flocht, »friss sie schnell, und ich werde dir ewig dankbar sein.«

Die Katze machte einen Sprung und fing die kleine Maus, und die Frau sagte: »Tausend Dank! Selbst der Erste Freund ist nicht schnell genug, um so wie du kleine Mäuse zu fangen. Du musst sehr klug sein.«

Genau in diesem Moment und dieser Sekunde, mein Herzensschatz, brach der Milchtopf, der neben dem Feuer stand, entzwei – *ffft* –, denn er erinnerte sich an den Handel, den die

Frau mit der Katze abgeschlossen hatte. Und als sie vom Schemel herabsprang – siehe da! –, schleckte die Katze die warme weiße Milch auf, die noch in einer Scherbe war.

»O meine Feindin und Frau meines Feindes und Mutter von meines Feindes Sohn«, sagte die Katze, »ich bin's. Denn du hast drei Worte des Lobes über mich gesagt, und jetzt kann ich für immer und immer und immer dreimal am Tag die warme weiße Milch trinken. Aber ich bin *trotzdem* die Katze, die ihre eigenen Wege geht, und ein Ort ist wie der andere für mich.«

Da lachte die Frau und setzte der Katze ein Schüsselchen mit warmer weißer Milch vor und sagte: »O Katze, du bist so schlau wie ein Mensch, aber vergiss nicht, dass du deinen Handel nicht mit dem Mann und dem Hund abgeschlossen hast, und ich weiß nicht, was sie tun werden, wenn sie nach Hause kommen.«

»Das ist mir egal«, sagte die Katze. »Wenn ich meinen Platz in der Höhle am Feuer habe und dreimal am Tag meine warme weiße Milch bekomme, dann kümmert es mich nicht, was der Mann oder der Hund tun.«

Als der Mann und der Hund an diesem Abend in die Höhle kamen, erzählte ihnen die Frau die ganze Geschichte des Handels, während die Katze am Feuer saß und grinste.

Da sagte der Mann: »Ja, aber sie hat keinen Handel mit *mir* oder allen anständigen Männern nach mir abgeschlossen.« Dann zog er seine Lederstiefel aus und nahm seine kleine Steinaxt in die Hand (das macht drei), und er holte ein Stück Holz und ein Beil (das sind insgesamt fünf), und er stellte sie in einer Reihe auf und sagte: »Jetzt schließen *wir* unseren Handel ab. Wenn du nicht für immer und immer und immer Mäuse fängst, während du in der Höhle bist, dann schmeiße ich, sobald ich dich sehe, diese fünf Sachen nach dir, und so werden es alle anständigen Männer nach mir halten.«

»Ah«, sagte die lauschende Frau, »diese Katze ist ja sehr schlau, aber sie ist nicht so schlau wie mein Mann.«

Die Katze zählte die fünf Sachen (und sie sahen sehr knorrig aus) und sagte: »Ich werde für immer und immer und immer Mäuse fangen, wenn ich in der Höhle bin, aber ich bin trotzdem die Katze, die ihre eigenen Wege geht, und ein Ort ist wie der andere für mich.«

»Nicht, wenn ich in der Nähe bin«, sagte der Mann. »Wenn du das Letzte nicht gesagt hättest, dann hätte ich all diese Sachen für immer und immer und immer weggepackt, aber jetzt werde ich meine zwei Stiefel und meine kleine Steinaxt (das macht drei) nach dir werfen, wann immer ich dich treffe. Und so werden es alle anständigen Männer nach mir halten.«

Da sagte der Hund: »Moment mal. Sie hat mit *mir* und allen anständigen Hunden nach mir auch keinen Handel abgeschlossen.« Und er zeigte seine Zähne und sagte: »Wenn du nicht für immer und immer und immer lieb zu dem Kind bist, solange ich

in der Höhle bin, dann werde ich dich jagen, bis ich dich fange, und wenn ich dich fange, dann beiße ich dich. Und so werden es alle anständigen Hunde nach mir halten.«

»Ah«, sagte die lauschende Frau, »die Katze ist ja sehr schlau, aber sie ist nicht so schlau wie der Hund.«

Die Katze zählte die Zähne des Hundes (und sie sahen sehr spitz aus) und sagte: »Ich werde für immer und immer und immer lieb zu dem Kind sein, während ich in der Höhle bin, solange es nicht allzu heftig an meinem Schwanz zieht. Aber ich bin *trotzdem* die Katze, die ihre eigenen Wege geht, und ein Ort ist wie der andere für mich!«

»Nicht, wenn ich in der Nähe bin«, sagte der Hund. »Wenn du das Letzte nicht gesagt hättest, hätte ich für immer und immer und immer den Mund gehalten, aber *jetzt* werde ich dich auf einen Baum jagen, wann immer ich dich sehe. Und so werden es alle anständigen Hunde nach mir halten.«

Da schmiss der Mann seine zwei Stiefel und die kleine Steinaxt (das macht drei) nach der Katze, und die Katze rannte aus der Höhle, und der Hund jagte sie einen Baum hinauf.

Und seitdem, bis zum heutigen Tag, mein Herzensschatz, werfen drei von fünf anständigen Männern einer Katze Sachen nach, wenn sie ihr begegnen, und alle anständigen Hunde jagen sie einen Baum hinauf. Aber auch die Katze hält ihren Teil des Handels ein. Sie fängt Mäuse und sie ist lieb zu kleinen Kindern, wenn sie im Haus ist, solange die sie nicht zu fest am Schwanz ziehen. Aber wenn sie das getan hat und zwischendrin, und wenn der Mond aufgeht und die Nacht kommt, ist sie die Katze, die ihre eigenen Wege geht, und ein Ort ist wie der andere für sie. Dann geht sie hinaus in den Feuchten Wilden Wald oder hinauf auf Feuchte Wilde Bäume oder hinauf auf die Feuchten Wilden Dächer, peitscht mit ihrem wilden Schwanz und wandert mutterseelenwildallein.

DIE TABUGESCHICHTE

Das Wichtigste an Tegumai Bopsulai und seiner geliebten Tochter Taffimai Matallumai waren die Tabus von Tegumai, die ganz und gar Bopsulai waren.

Hör zu und pass auf und merk es dir, mein Herzensschatz, denn *wir* kennen uns mit Tabus aus, du und ich.

Wenn Taffimai Metallumai (du kannst sie aber immer noch Taffy nennen) mit ihrem Vater draußen im Wald jagen ging, dann verhielt sie sich nie still. Sie war sehr unstill. Sie tanzte in den welken Blättern, jawohl. Sie knickte trockene Äste ab, jawohl. Sie rutschte Ufer- und Grabenböschungen hinunter, jawohl – in Steinbrüchen und Sandgruben, jawohl. Sie platschte durch Sümpfe und Moore, jawohl. Und sie machte einen Höllenlärm!

Deshalb wussten all die Tiere, die sie jagten – Eichhörnchen, Biber, Otter, Dachse und Rehe *und* die Hasen –, dass Taffy und ihr Papa im Anmarsch waren, und rannten davon.

Dann sagte Taffy: »Das tut mir aber furchtbar leid, lieber Papa.«

Dann sagte Tegumai: »Was nützt es, wenn es dir leidtut? Die Eichhörnchen sind weg, und die Biber sind untergetaucht, die Rehe sind davongesprungen, und die Hasen sind in ihren Löchern. Man sollte dich verhauen, Tochter Tegumais, und das würde ich auch tun, wenn ich dich nicht zufällig lieb hätte.« In diesem Augenblick sah er, wie ein Eichhörnchen um den Stamm einer Esche kritzte und flitzte, und er sagte: »Pscht! Da ist unser Mittagessen, Taffy, wenn du bloß leise bist.«

Taffy sagte: »Wo? Wo? Zeig's mir! Zeig!« Das sagte sie in einem raspelnden, haspelnden Flüsterton, der eine Dampfkuh in Angst und Schrecken versetzt hätte, und sie hopste im Farnkraut herum, denn sie war ein leicht erregbares Kind. Und das Eichhörnchen streckte seinen Schwanz aus und sprang in weiten, leichten Bogensprüngen bis etwa mitten nach Sussex, ohne anzuhalten.

Tegumai war mächtig ärgerlich. Er blieb ganz still stehen und überlegte, ob er Taffy lieber kochen oder häuten oder tätowieren oder ihr die Haare abschneiden oder sie ohne Gutenachtkuss ins Bett schicken sollte. Und während er noch überlegte, kam der Oberhäuptling vom Stamm der Tegumai in seinen Adlerfedern durch den Wald gestapft.

Er war der Oberhäuptling der Hohen und der Niederen und der Mittleren Medizin für den ganzen Tegumai-Stamm, und er und Taffy waren ziemlich gut befreundet. Er sagte zu Tegumai: »Was ist los, o Oberster von Bopsulai? Du siehst ärgerlich aus.«

»Ich *bin* ärgerlich«, sagte Tegumai, und er erzählte dem Oberhäuptling alles über Taffys arge Unstille im Wald und wie sie immer das Wild erschreckte und in Sümpfe fiel, weil sie beim Rennen nach hinten schaute, und dass sie aus den Bäumen herunterplumpste, weil sie sich nicht gut mit beiden Händen festhielt, und dass sie immer Entengrütze aus Tümpeln und so an den Beinen kleben hatte und damit die Höhle schmutzig machte.

Der Oberhäuptling schüttelte den Kopf, bis die Adlerfedern und die Muscheln auf seiner Stirn klapperten, und sagte: »Naa ja! Ich werde mich ein andermal darum kümmern. Ich wollte dich sprechen, o Tegumai, in einer ernsten Angelegenheit.«

»Leg los, o Oberhäuptling«, sagte Tegumai, und beide setzten sich höflich nieder.

»Beachte und merke auf, o Tegumai«, sagte der Oberhäuptling. »Der Tegumai-Stamm fischt schon lange, lange viel zu viel im Wagaifluss. Die Folge ist, dass kaum noch einigermaßen große Karpfen darin sind, und sogar die kleinen Karpfen verziehen sich.«

»So ist es, o Tegumai«, sagte der Oberhäuptling. »Was hältst du davon, wenn wir ihn mit dem Großen Stammestabu belegen, damit dort sechs Monate lang keiner mehr fischt?«

»Das ist ein guter Plan, o Oberhäuptling«, sagte Tegumai. »Aber was ist die Strafe, wenn jemand von unserem Volk das Tabu bricht?«

»Die Strafe, o Tegumai«, sagte der Oberhäuptling, »wird sein, dass wir es ihnen mit Stöcken und Brennnesseln und Matschbollen begreiflich machen, und wenn sie es immer noch nicht verstehen, dann malen wir freihändig hübsche Stammesmuster mit scharfkantigen Muscheln auf ihren Rücken. Komm mit mir, o Tegumai, dann verkünden wir das Stammestabu für den Wagaifluss.«

Da gingen sie zum Oberhaus des Oberhäuptlings, wo alle Stammeszaubersachen von Tegumai aufbewahrt wurden. Und sie holten den großen hölzernen Stammestabupfahl heraus, an dessen Spitze ein geschnitztes Bildnis des Stammesbibers von

Tegumai mit den anderen Tieren war, und darunter waren alle Stammestabuzeichen eingeschnitten.

Dann riefen sie den Tegumai-Stamm mit dem Großen Stammeshorn zusammen, das grölt und bröhlt, und mit der Mittleren Schneckenmuschel, die quiekt und quakt, und mit der Kleinen Stammestrommel, die klopft und tropft.

Sie machten einen hübschen Krach, und Taffy durfte die Kleine Stammestrommel schlagen, weil sie mit dem Oberhäuptling ziemlich gut befreundet war.

Als der ganze Stamm vor dem Haus des Oberhäuptlings zusammengekommen war, erhob sich der Oberhäuptling und sprach und sang: »O Stamm von Tegumai! Der Wagaifluss ist überfischt, und die Karpfenfische kriegen Angst. Sechs Monate lang darf niemand im Wagaifluss fischen. Es ist tabu auf beiden Seiten und in der Mitte, auf allen Inseln und Sandbänken. Es ist tabu, einen Fischspeer näher als zehn Männerschritte ans Flussufer zu bringen. Es ist tabu, es ist tabu, es ist ganz besonders

tabu, o Stamm von Tegumai! Es ist tabu in diesem Monat und im nächsten und nächsten und nächsten und nächsten und nächsten. Nun geht und richtet den Tabupfahl am Fluss auf! Und es soll keiner so tun, als hätte er nicht verstanden!«

Da erhob der Tegumai-Stamm ein Geschrei und richtete den Tabupfahl am Ufer des Wagaiflusses auf, und dann rannten sie schnell an beiden Ufern entlang (die Hälfte des Stamms auf der einen Seite, die andere Hälfte auf der anderen) und verjagten all die kleinen Jungs, die nicht an der Versammlung teilgenommen hatten, weil sie nach Flusskrebsen suchten, und dann lobten sie alle den Oberhäuptling und Tegumai Bopsulai.

Danach ging Tegumai heim, aber Taffy blieb beim Oberhäuptling, weil sie ziemlich gut befreundet waren. Sie war sehr erstaunt. Sie hatte noch nie erlebt, dass etwas mit einem Tabu belegt wurde, und sie sagte zum Oberhäuptling: »Was bedeutet einklich ›Tabu‹?«

Der Oberhäuptling sagte: »›Tabu‹ bedeutet gar nichts, bis du es brichst, o einzige Tochter Tegumais, aber wenn du es brichst, dann bedeutet es Stöcke und Brennnesseln und hübsche freihändige Stammesmuster auf dem Rücken mit scharfkantigen Muscheln.«

Da sagte Taffy: »Könnte ich ein eigenes Tabu haben – ein klitzekleines Tabu zum Spielen?«

Da sagte der Oberhäuptling: »Ich gebe dir ein eigenes kleines Tabu, weil du dir die Bilderschrift ausgedacht hast, die sich eines Tages zum ABC entwickeln wird.« (Du erinnerst dich, wie Taffy und Tegumai sich das Alphabet ausdachten? Deshalb waren sie und der Oberhäuptling auch ziemlich gut befreundet.) Er nahm eine seiner Zauberhalsketten ab – er hatte zweiundzwanzig davon, und diese bestand aus rosa Korallenstückchen – und er sagte: »Wenn du diese Halskette an irgendetwas befestigst, das dir ganz alleine gehört, dann kann niemand diesen Gegenstand berühren, bis du die Kette abmachst. Sie wird nur in eurer Höhle wirken, und wenn du irgendetwas hast herumliegen lassen, wo es nicht hingehört, dann wirkt das Tabu nicht, bis du es an seinen richtigen Ort geräumt hast.«

»Vielen herzlichen Dank«, sagte Taffy. »Was, glaubst du, wird es wohl meinem Papa tun?«

»Ich weiß nicht genau«, sagte der Oberhäuptling. »Vielleicht wirft er sich auf den Boden und schreit, oder er kriegt Krämpfe oder er zappelt bloß, oder er macht drei sorgenvolle Schritte und spricht sorgenvolle Worte, und dann kannst du ihn dreimal an den Haaren ziehen, wenn du willst.«

»Und was tut es meiner Mama?«, fragte Taffy.

»Für Mamas gelten Tabus nicht«, sagte der Oberhäuptling.

»Warum nicht?«, fragte Taffy.

»Wenn Tabus für Mamas gelten würden, dann könnten die Mamas auch Tabus für Frühstücke und Mittagessen und Abendessen aussprechen, und das wäre für den Stamm sehr schlecht. Vor langer, langer Zeit hat der Stamm entschieden, nirgendwo Tabus für Mamas aufzustellen – für gar nichts.«

»Tja«, sagte Taffy, »weißt du, ob mein Papa irgendwelche eigenen Tabus hat, die auf mich wirken – falls ich mal aus Versehen ein Tabu breche?«

»Willst du etwa behaupten«, sagte der Oberhäuptling, »dass dein Papa für dich noch nie ein Tabu erlassen hat?«

»Nein«, sagte Taffy. »Er sagt bloß immer ›Lass das‹ und wird böse.«

»Ah! Ich nehme an, er hält dich noch für ein kleines Kind«, sagte der Oberhäuptling. »Also, wenn du ihm zeigst, dass du selber ein echtes Tabu hast, dann sollte es mich nicht überraschen, wenn er für dich ein paar echte Tabus aufstellt.«

»Danke«, sagte Taffy, »aber ich habe einen eigenen kleinen Garten außerhalb der Höhle, und wenn es dir nichts ausmacht, hätte ich gern, dass du die Tabukette so einrichtest, dass ich sie an die wilden Rosenbüsche vor dem Garten hängen kann, und wenn dann jemand reingeht, dann kommt er nicht mehr raus, ehe er Entschuldigung gesagt hat.«

»Aber gewiss doch«, sagte der Oberhäuptling. »Natürlich kannst du deinen eigenen Garten tabuisieren.«

»Danke schön«, sagte Taffy. »Und jetzt gehe ich nach Hause und sehe nach, ob das Tabu wirklich wirkt.«

Als sie in die Höhle zurückkam, war es fast schon Mittagessenszeit, und als sie in die Tür trat, sagte Teschumai Tuindrau, ihre Mutter, nicht wie sonst: »Wo warst du denn, Taffy?«, sondern: »O Tochter Tegumais! Komm herein und iss!«, ganz so, als wäre sie eine Erwachsene. Das lag daran, dass sie die Tabukette an Taffys Hals gesehen hatte.

Ihr Papa saß vor dem Feuer und wartete auf das Essen, und er sagte genau das Gleiche, und Taffy fühlte sich ungeheuer wichtig.

Sie sah sich in der Höhle um, ob ihre Sachen (ihr persönliches Handarbeitstäschchen aus Otterfell mit den Haifischzähnen und den Knochennadeln und dem Faden aus Hirschsehnen, ihre Regenschuhe aus Birkenrinde, ihr Speer und ihr Wurfholz und ihr Proviantkörbchen) alle an ihrem Platz waren, und dann zog sie rasch ihre Tabukette aus und hängte sie über den Griff des kleinen hölzernen Wassereimers, mit dem sie immer Wasser holte.

Da sagte ihre Mama beiläufig zu Tegumai, ihrem Papa: »O Tegumai! Würdest du uns vielleicht etwas frisches Trinkwasser zum Essen holen?«

»Aber sicher«, sagte Tegumai, und er sprang auf und ergriff Taffys Eimer mit der Kette daran. Im nächsten Moment fiel er platt auf den Boden und schrie. Dann rollte er sich zusammen und kullerte in der Höhle herum, dann stand er auf und zappelte mehrmals.

»Mein Lieber«, sagte Teschumai Tuindrau, »es sieht ganz danach aus, als hättest du irgendwie jemandes Tabu gebrochen. Tut es weh?«

»Entsetzlich«, sagte Tegumai. Er machte drei sorgenvolle Schritte, legte den Kopf schief und schrie: »Ich habe ein Tabu gebrochen! Ich habe ein Tabu gebrochen!«

»Taffy, mein Liebes, das muss dein Tabu sein«, sagte Teschumai Tuindrau. »Am besten ziehst du ihn dreimal an den Haaren, sonst schreit er bis zum Abend, und du weißt, wie Papa ist, wenn er erst in Fahrt kommt.«

Tegumai beugte sich hinunter, und Taffy zog ihn dreimal an den Haaren, und er wischte sich das Gesicht und sagte: »Auf mein Stammeswort! Da hast du aber ein verteufelt starkes Tabu, Taffy. Wo hast du das her?«

»Der Oberhäuptling hat es mir gegeben. Er hat mir gesagt, dass du Krämpfe und Gezappel kriegst, wenn du es brichst«, sagte Taffy.

»Da hatte er recht. Aber über Zeichentabus hat er dir nichts gesagt, oder?«

»Nein«, sagte Taffy. »Er hat nur gesagt, wenn ich dir zeige, dass ich ein echtes eigenes Tabu habe, dann stellst du höchstwahrscheinlich ein paar echte Tabus für mich auf.«

»Stimmt genau, meine liebe einzige Tochter«, sagte Tegumai. »Ich gebe dir ein paar Tabus, die dich in Erstaunen versetzen werden – Brennnesseltabus, Zeichentabus, schwarz-weiße Tabus – Dutzende von Tabus. Jetzt pass mal auf. Weißt du, was das hier bedeutet?« Tegumai wackelte schlängelig mit seinem Zeigefinger. »Das ist ein Tabu aufs Zappeln beim Essen. Es ist ein wichtiges Tabu, und wenn du es brichst, dann kriegst du Krämpfe – genau wie ich –, oder ich muss dich von oben bis unten tätowieren.«

Taffy saß während des ganzen Mittagessens stockstill, und dann hielt Tegumai seine rechte Hand hoch, mit den Fingern dicht zusammen. »Das ist das Stille-Tabu, Taffy. Immer wenn ich das mache, musst du sofort stillhalten, egal was du tust. Wenn du gerade nähst, musst du mit der Nadel halb durch das Hirschleder stillhalten. Wenn du läufst, hältst du auf einem Fuß an. Wenn du kletterst, hältst du auf einem Ast still. Du bewegst dich nicht, ehe du siehst, dass ich das hier mache.« Tegumai hob die rechte Hand und bewegte sie zwei- oder dreimal vor seinem Gesicht. »Das Zeichen bedeutet ›Weitermachen‹. Wenn du das siehst, kannst du fortfahren mit der Sache, die du gerade gemacht hast.

»Gibt es keine Halsketten für dieses Tabu?«, fragte Taffy.

»Doch. Es gibt natürlich eine rot-schwarze Halskette, aber ich kann doch nicht jedes Mal durch den Farn zu dir stapfen, um dir eine Stille-Tabu-Kette zu geben, wenn ich ein Reh oder einen Hasen sehe und will, dass du ruhig bist«, sagte Tegumai. »Ich hatte dich für eine bessere Jägerin gehalten. Es könnte ja sein, dass ich sofort, nachdem ich dir ein Stille-Tabu auferlegt habe, einen Pfeil über deinen Kopf schießen muss.«

»Aber wie kann ich denn erkennen, auf was du schießt?«, fragte Taffy.

»Schau meine Hand an«, sagte Tegumai. »Du kennst doch die drei kleinen Sprünge, die ein Reh macht, bevor es losrennt – so?« Er machte mit dem Zeigefinger dreimal einen Bogen in die Luft, und Taffy nickte. »Wenn ich das mache, dann weißt du, dass wir ein Reh gefunden haben. Ein kleines Wackeln mit dem Zeigefinger bedeutet ›Kaninchen‹.«

»Ja, so laufen Kaninchen«, sagte Taffy und wackelte genauso mit ihrem Zeigefinger.

»›Eichhörnchen‹ ist eine längere Hochkletterdrehung in der Luft. So!«

»Genau wie Eichhörnchen einen Baumstamm hochlaufen«, sagte Taffy. »Ich verstehe.«

»›Otter‹ ist eine lange, weiche, gerade Welle in der Luft – so.«

»Genau wie Otter in einem Teich schwimmen«, sagte Taffy. »Ich verstehe.«

»Und ›Biber‹ geht, wie wenn ich jemandem einen Klaps mit der Handfläche geben würde.«

»Genau wie Biber mit dem Schwanz aufs Wasser schlagen, wenn sie erschrecken, ich verstehe.«

»Das sind alles keine Tabus. Das sind bloß Zeichen, mit denen ich dir zeige, was ich jage. Das Stille-Tabu, darauf musst du aufpassen, denn es ist ein großes Tabu.«

»Ich kann das Stille-Tabu auch in Kraft setzen«, sagte Teschumai Tuindrau, die Hirschhäute zusammennähte. »Ich kann es dir auferlegen, Taffy, wenn du beim Schlafengehen zu wild tobst.«

»Was passiert, wenn ich es breche?«, fragte Taffy.

»Du kannst ein Tabu nicht brechen, es sei denn aus Versehen.«

»Aber wenn ich es eben *tue«,* sagte Taffy.

»Dann würdest du deine eigene Tabukette verlieren. Du müsstest sie dem Oberhäuptling zurückbringen, und du würdest einfach nur noch ›Taffy‹ genannt und nicht ›Tochter des Tegumai‹. Oder wir würden dich vielleicht Skellumzulai nennen – Das-schlimme-Ding-das-kein-Tabu-einhalten-kann –

und höchstwahrscheinlich würdest du einen Tag und eine Nacht keinen Kuss kriegen.«

»Hm!«, sagte Taffy. »Ich finde, Tabus machen überhaupt keinen Spaß.«

»Tja, dann bring deine Tabukette wieder zurück zum Oberhäuptling und sag, du willst wieder ein kleines Kind sein, o einzige Tochter Tegumais!«, sagte ihr Papa.

»Nein«, sagte Taffy. »Sag mir noch mehr über Tabus. Kann ich nicht noch ein paar eigene – ganz eigene – Tabus haben, von denen die Leute Stammesanfälle kriegen?«

»Nein«, sagte ihr Papa. »Du bist noch nicht alt genug, um Stammesanfälle verursachen zu dürfen. Die rosa Kette taugt sehr gut für dich.«

»Dann erzähl mir noch mehr über Tabus«, sagte Taffy.

»Ich bin müde, liebe Tochter. Ich erlasse jetzt ein Tabu für jeden, der mit mir reden will, ehe die Sonne hinter diesem Hügel da steht, und gegen Abend gehen wir dann raus und schauen, ob wir Kaninchen fangen können. Frag Mama nach den anderen Tabus. Es ist ein großes Glück, dass du ein Tabumädchen bist, denn jetzt brauche ich dir nichts öfter als ein Mal zu sagen.«

Taffy unterhielt sich leise mit ihrer Mama, bis die Sonne an der richtigen Stelle stand. Da weckte sie Tegumai, und sie packten ihre Jagdutensilien und gingen in den Wald. Aber als Taffy an ihrem Gärtchen vor der Höhle vorbeikam, nahm sie ihre Tabukette ab und hängte sie an einen Rosenstrauch. Ihre Gartengrenze war nur mit weißen Steinen markiert, aber sie bezeichnete die Rose als den eigentlichen Eingang, und das wusste der ganze Stamm.

»Was meinst du, wen du da fängst?«, fragte Tegumai.

»Das werden wir sehen, wenn wir zurückkommen«, sagte Taffy. »Der Oberhäuptling hat gesagt, jeder, der das Tabu bricht, muss in meinem Garten bleiben, bis ich ihn rauslasse.«

Sie gingen durch den Wald und überquerten den Wagaifluss auf einem umgefallenen Baumstamm, und sie stiegen auf den Gipfel eines großen, kahlen Bergs, wo es jede Menge Kaninchen im Farnkraut gab.

»Vergiss nicht, du bist jetzt ein Tabumädchen«, sagte Tegumai, als Taffy anfing herumzuhopsen und Fragen zu stellen, anstatt nach Kaninchen zu suchen; und er machte das Tabuzeichen, und Taffy blieb stocksteif stehen, als wäre sie in einen Stein verwandelt worden. Sie hatte sich gerade gebückt, um einen Schnürsenkel zu binden, und sie hielt mit der Hand am Schnürsenkel still (*Diese* Art von Tabu kennen wir, nicht wahr, mein Herzensschatz?), aber sie schaute dabei ganz genau ihren Papa an, weil man das immer machen muss, wenn das Stille-Tabu in Kraft ist.

Etwas später, als er eine ganze Strecke weitergegangen war, drehte er sich um und machte das Weitermachen-Zeichen. Also ging sie leise durch das Farnkraut weiter und schaute dabei immer ihren Papa an, und plötzlich sprang vor ihr ein Kaninchen auf. Sie wollte schon ihr Wurfholz werfen, aber da sah sie Tegumai das Tabuzeichen machen, und sie hielt still mit halb offenem Mund, das Wurfholz in der Hand. Das Kaninchen rannte auf Tegumai zu, und Tegumai fing es. Dann kam er durch den Farn und gab ihr einen Kuss und sagte: »Das nenne ich aber mal ein famoses Tochtermädchen. Es ist inzwischen ein ziemliches Vergnügen, mit dir zu jagen, Taffy.«

Ein wenig später sprang ein Kaninchen auf, wo Tegumai es nicht sehen konnte, Taffy aber wohl, und sie wusste, es würde auf sie zulaufen, wenn Tegumai es nicht erschreckte. Also hielt sie die Hand hoch, machte das Kaninchenzeichen (damit er wusste, dass sie keinen Quatsch machte), und dann erlegte sie ihrem Vater das Stille-Tabu auf! Wirklich und wahrhaftig – das tat sie, mein Herzensschatz!

Tegumai erstarrte, einen Fuß halb erhoben, um über einen alten Baumstamm zu steigen. Das Kaninchen rannte an Taffy vorbei, und Taffy erlegte es mit ihrem Wurfholz, aber sie war so aufgeregt, dass sie mindestens zwei Minuten lang vergaß, das Stille-Tabu wieder aufzulösen, und die ganze Zeit stand Tegumai auf einem Bein und wagte nicht, den anderen Fuß auf den Boden zu setzen. Dann kam er herbei und gab ihr einen Kuss und warf sie in die Luft und setzte sie auf seine Schultern und tanzte und sagte: »Mein Stammesehrenwort und Zeugnis! Das nenne ich mal eine Tochter, die wirklich eine Tochter ist, o einzige Tochter Tegumais.« Und Taffy freute sich riesig und wunderkolossal.

Es war schon fast dunkel, als sie nach Hause gingen. Sie hatten fünf Kaninchen und zwei Eichhörnchen und dazu noch eine Wasserratte. Taffy brauchte das Wasserrattenfell für eine Muscheltasche. (In jenen Tagen mussten die Leute Wasserratten erlegen, weil sie keine Taschen kaufen konnten, aber *wir* wissen, dass Wasserratten heutzutage für dich und mich genauso tabu sind wie alles andere Lebendige.)

»Ich glaube, ich habe dich zu lange hier draußen behalten«, sagte Tegumai, als sie schon ganz nah an Zuhause waren, »und Mama wird nicht sehr glücklich über uns sein. Lauf heim, Taffy! Man kann von hier aus schon das Höhlenfeuer sehen.«

Taffy rannte los, und in dieser Minute hörte Tegumai etwas im Gebüsch rascheln, und ein großer, schlanker grauer Wolf sprang heraus und begann, leise hinter Taffy herzutraben.

Nun hassten alle Tegumai-Leute Wölfe und erlegten sie, wann immer sie konnten, und Tegumai hatte noch nie einen so nah bei seiner Höhle gesehen.

Er eilte hinter Taffy her, aber der Wolf hörte ihn und sprang zurück ins Gebüsch. Diese Wölfe hatten Angst vor Erwachsenen, aber sie versuchten immer wieder, die Kinder des Stamms zu fangen. Taffy schwenkte die Wasserratte und sang vor sich hin – ihr Papa hatte alle Tabus aufgehoben –, daher bemerkte sie nichts.

Da war eine kleine Wiese vor der Höhle, und neben dem Höhleneingang sah Taffy einen großen Mann in ihrem Rosengarten stehen, aber es war zu dunkel, um ihn genau zu erkennen.

»Ich glaube, meine Tabukette hat tatsächlich jemanden gefangen«, sagte sie, und sie wollte gerade losrennen und nachsehen, da hörte sie ihren Papa sagen: »Still, Taffy! Stille-Tabu, bis ich es aufhebe!«

Sie hielt an, wo sie war – die Wasserratte in der einen Hand und das Wurfholz in der anderen –, nur den Kopf wandte sie ihrem Papa zu, um das Weitermachen-Zeichen nicht zu verpassen.

Das war das längste Stille-Tabu, das sie an diesem Tag einhalten musste. Tegumai war an den Waldrand zurückgetreten, und er hielt seine steinerne Wurfaxt in der einen Hand, und mit der anderen machte er das Stille-Tabu-Zeichen.

Da schien ihr, als kröche seitwärts etwas Schwarzes durch das Gras auf sie zu. Es kam näher und näher, dann zog es sich ein wenig zurück und dann kroch es noch näher heran.

Dann hörte sie die steinerne Wurfaxt ihres Vaters an ihrer Schulter vorbeischwirren wie ein Rebhuhn, und im gleichen Augenblick schwirrte eine zweite Axt aus ihrem Rosengarten hervor, und man hörte ein Heulen, und dann lag ein großer grauer Wolf zuckend im Gras, mausetot.

Dann hob Tegumai sie hoch und küsste sie siebenmal und sagte: »Mein Stammesehrenwort und Tegumai-Zeugnis, Taffy, also du *bist* vielleicht eine Tochter, auf die man stolz sein kann! Hast du gewusst, was das war?«

»Ich bin mir nicht sicher«, sagte Taffy, »aber ich glaube, ich habe erraten, dass es ein Wolf war. Ich wusste, du würdest nicht zulassen, dass er mir etwas tut.«

»Braves Mädchen«, sagte Tegumai und beugte sich über den Wolf und hob beide Äxte auf. »Nanu, das ist ja die Axt des Oberhäuptlings!«, sagte er und hielt die Zauberwurfaxt des Oberhäuptlings mit der **NEPHRITSCHNEIDE** hoch.

»Ja«, sagte der Oberhäuptling aus Taffys Rosengarten, »und ich wäre dir sehr verbunden, wenn du sie mir zurückbrächtest. Ich wollte dich heute Nachmittag besuchen und bin aus Versehen in Taffys Rosengarten getreten, bevor ich die Tabukette an dem Rosenstrauch gesehen hatte. Jetzt musste ich natürlich auf Taffys Rückkehr warten, damit sie mich hinauslässt.« Dann machte der Oberhäuptling mit all seinen Federn und Muscheln drei sorgenvolle Schritte mit schief gelegtem Kopf und sagte: »Ich habe das Tabu gebrochen! Ich habe das Tabu gebrochen!«, und verneigte sich feierlich und würdevoll vor Taffy, bis seine großen Adlerfedern beinahe den Boden berührten, und er sprach und sang: »O Tochter Tegumais, ich habe alles gesehen. Du bist ein wahres Tabumädchen. Ich bin sehr erfreut über dich. Erst war ich nicht erfreut, weil ich seit sechs Uhr in deinem Garten warten musste, und ich wusste ja, dass du nur aus Spaß deinen Garten mit einem Tabu belegt hast.«

»Nein, nicht aus Spaß«, sagte Taffy. »Ich wollte einfach sehen, ob mein Tabu jemanden einsperren würde, aber ich wusste nicht, dass so ein kleines Tabu wie meins bei einem so großen Oberhäuptling wie dir wirken würde, o Oberhäuptling.«

»Ich habe dir doch gesagt, dass es wirkt. Ich habe es dir selbst gegeben«, sagte der Oberhäuptling. »Natürlich musste es wirken. Aber das macht nichts. Ich will dir sagen, meine liebe Taffy, ich hätte gern in deinem Garten von zwölf Uhr an gewartet statt bloß seit sechs Uhr, nur um zu sehen, wie fabelhaft du dieses letzte Stille-Tabu eingehalten hast, das dir dein Vater auferlegte. Ich gebe dir mein Häuptlingswort, Taffy, dass eine ganze Menge Männer unseres Stammes das Tabu nicht so eingehalten hätten wie du, wo doch ein Wolf durchs Gras auf dich zukroch.«

»Was wirst du mit dem Wolfsfell machen, o Oberhäuptling?«, fragte Tegumai. Denn jedes Tier, auf das der Oberhäuptling seine Axt geworfen hatte, gehörte nach der Sitte des Tegumai-Stamms dem Oberhäuptling.

»Natürlich werde ich es Taffy geben für einen Wintermantel, und aus den Zähnen und Klauen werde ich ihr eine ganz eigene Zauberkette machen«, sagte der Oberhäuptling. »Und ich werde die Geschichte von Taffy und dem Stille-Tabu auf Holz malen lassen für unsere Stammestabuliste, sodass alle Mädchentöchter des Stammes es sehen und wissen und behalten und verstehen können.«

Dann gingen alle drei in die Höhle und bekamen ein wunderbares Abendessen von Teschumai Tuindrau, und der Oberhäuptling legte seinen Adlerfederkopfschmuck und alle Halsketten ab. Und als es Zeit für Taffy wurde, in ihre eigene kleine Höhle ins Bett zu gehen, kamen Tegumai und der Oberhäuptling herein, um Gute Nacht zu sagen, und sie tobten in der Höhle herum und zogen Taffy auf einer Hirschhaut über den Fußboden (genauso wie manche Leute auf einem Kaminvorleger herumgezogen werden). Und schließlich schmissen sie die Otterfellkissen herum und warfen einen Haufen alte Speere und Angeln herunter, die an den Wänden hingen. Am Ende wurde die Sache so wild, dass Teschumai Tuindrau hereinkam und sagte: »Still! Stille-Tabu für euch alle! Was denkt ihr euch eigentlich, wie dieses Kind je einschlafen soll?« Und dann sagten sie ganz richtig Gute Nacht, und Taffy schlief ein.

Und was ist danach passiert? Oh, Taffy hat alle Tabus gelernt, genau wie gewisse Leute, die wir kennen. Sie lernte das Weißer-Hai-Tabu, das sie zwang, ihr Abendessen aufzuessen, statt damit zu spielen (und das funktioniert mit einer grün-weißen Kette, weißt du), sie lernte das Erwachsenen-Tabu, das sie davon abhielt zu reden, wenn neolithische Damen zu Besuch kamen (und wie du weißt, gehört dazu eine blau-weiße Kette), sie lernte das Eulen-Tabu, das sie daran hinderte, fremde Leute anzustarren (und dazu gehört eine schwarz-blaue Halskette), sie lernte das offenhändige Tabu (und wie wir wissen, gehört dazu eine weiße Kette), das sie daran hinderte, zu schnappen und zu knurren, wenn sich jemand etwas ausborgte, das ihr gehörte, und sie lernte noch fünf weitere Tabus.

Aber das Wichtigste, das sie lernte und das sie nie brach, nicht einmal aus Versehen, war das Stille-Tabu.

Deshalb durfte sie auch überallhin mit, wohin ihr Papa ging.

DER SCHMETTERLING, DER MIT DEM FUSS AUFSTAMPFTE

Dies, o mein Herzensschatz, ist eine Geschichte – eine neue und wunderbare Geschichte –, eine Geschichte, ganz anders als die anderen Geschichten. Eine Geschichte über den Hochweisen Herrscher Suleiman-bin-Daoud – Salomo, den Sohn Davids.

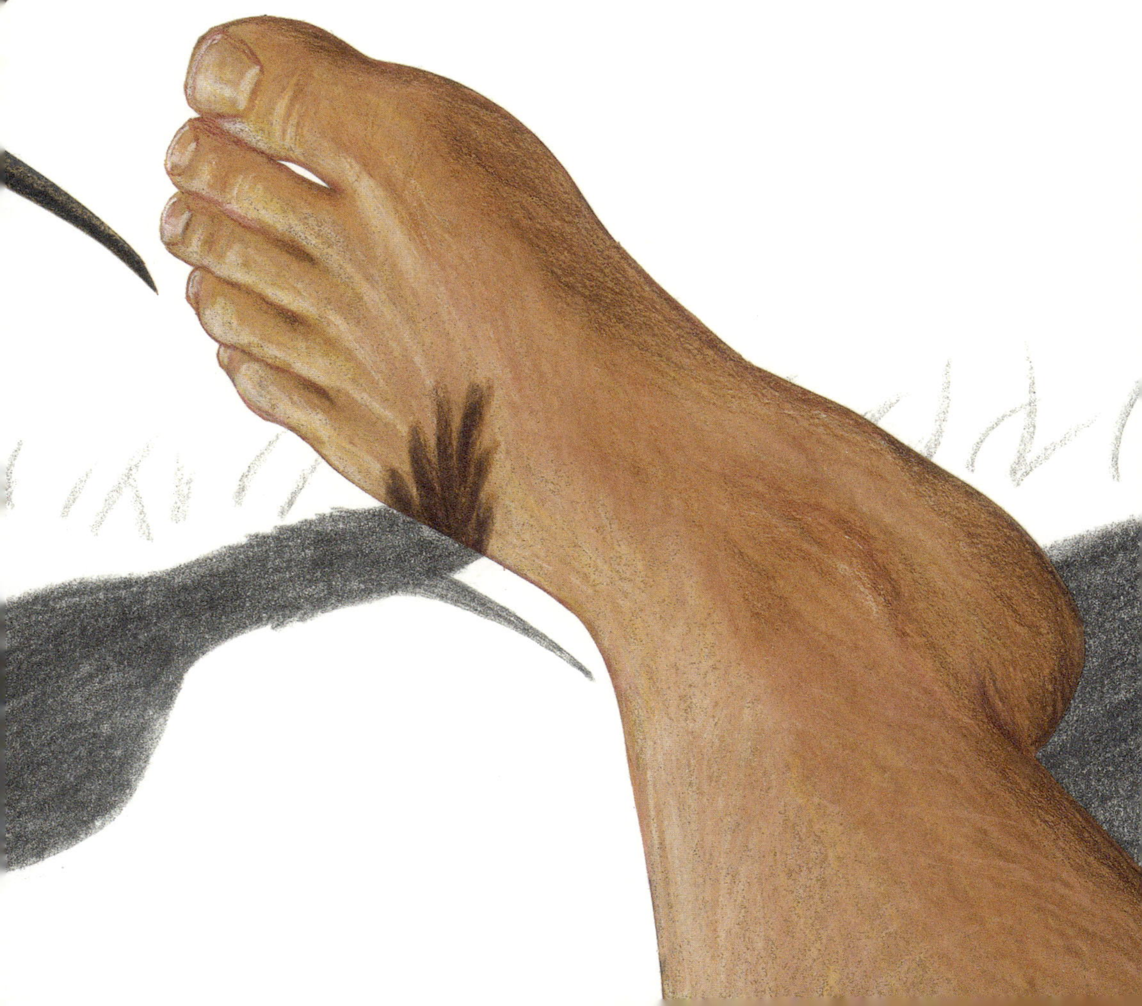

Es gibt dreihundertfünfundfünfzig Geschichten über Suleiman-bin-Daoud, aber zu denen gehört diese hier nicht. Es ist nicht die Geschichte vom Kiebitz, der das Wasser fand oder vom Wiedehopf, der Suleiman-bin-Daoud Schatten spendete vor der Hitze. Es ist nicht die Geschichte vom gläsernen Fußboden oder vom Rubin mit dem krummen Loch oder den Goldbarren der **BALKIS**. Es ist die Geschichte vom Schmetterling, der mit dem Fuß aufstampfte.

Jetzt pass noch einmal von Neuem auf und hör zu!

Suleiman-bin-Daoud war weise. Er verstand, was die Tiere sagten, was die Vögel sagten, was die Fische sagten und was die Insekten sagten. Er verstand, was die Steine tief unter der Erde sagten, wenn sie sich einander zuneigten und ächzten; und er verstand, was die Bäume sagten, wenn sie am Vormittag raschelten. Er verstand alles, vom Bischofskraut auf der Bank zum Josefskraut an der Mauer. Und Balkis, seine Hauptkönigin, die allerschönste Königin Balkis, war fast so weise wie er.

Suleiman-bin-Daoud war stark. Am dritten Finger seiner rechten Hand trug er einen Ring. Wenn er ihn einmal drehte, kamen **IFRITS** und **DSCHINN** aus der Erde und taten, was er ihnen befahl. Wenn er ihn zweimal drehte, kamen Feen vom Himmel und taten, was er ihnen befahl. Und wenn er ihn dreimal drehte, dann kam der große, große Engel Azrael mit dem Schwert, als Wasserträger verkleidet, und brachte ihm die Nachrichten aus den drei Welten: Droben – Drunten – und Hier.

Dennoch war Suleiman-bin-Daoud nicht eingebildet. Er war eigentlich kein Angeber, und wenn er doch mal prahlte, dann bereute er es. Einmal versuchte er, alle Tiere der Welt an einem einzigen Tag zu füttern, aber als das Essen bereit war, kam ein Tier aus der Tiefsee und aß es in drei Happen auf.

Suleiman-bin-Daoud war sehr überrascht und sagte: »O Tier, wer bist du?«

Und das Tier sagte: »O König, mögest du ewig leben! Ich bin der kleinste von dreißigtausend Brüdern, und wir wohnen am Meeresgrund. Wir haben gehört, dass du alle Tiere der ganzen Welt füttern willst, und meine Brüder haben mich geschickt, um zu fragen, wann das Abendessen fertig ist.«

Suleiman-bin-Daoud war noch überraschter als vorher und sagte: »O Tier, du hast das ganze Abendessen aufgefressen, das ich für alle Tiere der Welt vorbereitet hatte.«

Und das Tier sagte: »O König, mögest du ewig leben, aber nennst du *das* ein Abendessen? Da, wo ich herkomme, essen alle doppelt so viel zwischen den Mahlzeiten.«

Da fiel Suleiman-bin-Daoud platt aufs Gesicht und sagte: »O Tier! Ich habe dieses Abendessen gegeben, um zu zeigen, was für ein großer und reicher König ich bin, und nicht, weil ich gut zu den Tieren sein wollte. Jetzt bin ich beschämt, und das geschieht mir recht.« Suleiman-bin-Daoud war wirklich und wahrhaftig ein weiser Mann. Ab da vergaß er nie mehr, dass es dumm ist anzugeben, und jetzt kommt der richtige Geschichtenteil von meiner Geschichte.

Er heiratete furchtbar viele Frauen. Er heiratete neunhundertneunundneunzig Frauen neben der allerschönsten Balkis, und sie wohnten alle zusammen in einem großen goldenen Palast mitten in einem schönen Garten mit Brunnen. Er wollte eigentlich keine neunhundertneunundneunzig Frauen, aber

damals heirateten alle Leute furchtbar viele Frauen, und natürlich musste der König noch furchtbar viel mehr heiraten, um zu zeigen, dass er der König war.

Manche von den Frauen waren nett, aber manche waren einfach grässlich, und die Grässlichen zankten mit den Netten und machten sie auch grässlich, und dann zankten sie alle mit Suleiman-bin-Daoud, und das war grässlich für ihn. Aber Balkis, die Allerschönste, zankte nie mit Suleiman-bin-Daoud. Dazu liebte sie ihn zu sehr. Sie saß in ihren Gemächern im Goldenen Palast oder spazierte im Palastgarten und war wirklich bekümmert um ihn.

Natürlich hätte er seinen Fingerring drehen und die Dschinns und Ifrits rufen können, dann hätten sie alle neunhundertneunundneunzig streitlustigen Ehefrauen in weiße Wüstenmulis oder Windhunde oder Granatapfelkerne verwandelt, aber Suleiman-bin-Daoud fand, das sei Angeberei. Daher ging er, wenn sie zankten, bloß allein in einem Teil der schönen Palastgärten spazieren und wünschte, er wäre nie geboren worden.

Eines Tages, als sie schon drei Wochen lang gezankt hatten – alle neunhundertneunundneunzig Frauen auf einmal –, ging Suleiman-bin-Daoud wie gewöhnlich hinaus, um Ruhe und Frieden zu finden, und zwischen den Orangenbäumen traf er

Balkis, die Allerschönste, in großer Sorge, weil Suleiman-bin-Daoud so niedergeschlagen war.

Und sie sagte zu ihm: »O mein Herr und Licht meiner Augen, dreh den Ring an deinem Finger und zeig diesen Königinnen von Ägypten und Mesopotamien und Persien und China, dass du der große und schreckliche König bist.«

Aber Suleiman-bin-Daoud schüttelte den Kopf und sagte: »O meine Herrin und Wonne meines Lebens, denk an das Tier, das aus dem Meer kam und mich vor allen Tieren der Welt beschämte, weil ich geprahlt hatte. Wenn ich jetzt vor all diesen Königinnen angebe, bloß weil sie mir Sorgen machen, dann werde ich vielleicht noch schlimmer beschämt als damals.«

Und Balkis, die Allerschönste, sagte: »O mein Herr und Schatz meiner Seele, was wirst du tun?«

Und Suleiman-bin-Daoud sagte: »O meine Herrin und Lust meines Herzens, ich werde weiterhin mein Los unter diesen neunhundertneunundneunzig Königinnen ertragen, die mich mit ihren ständigen Streitereien quälen.«

Also spazierte er weiter zwischen den Lilien und den Wollmispeln und den Rosen und den Cannastauden und den schwer duftenden Ingwerpflanzen, die im Garten wuchsen, bis er zu dem großen Kampferbaum kam, welcher ›Kampferbaum des Suleiman-bin-Daoud‹ genannt wurde. Aber Balkis versteckte sich zwischen den hohen Irissen und dem gefleckten Bambus und den roten Lilien hinter dem Kampferbaum, um ihrem Liebsten, Suleiman-bin-Daoud, nahe zu sein.

Kurz darauf kamen zwei Schmetterlinge unter den Baum geflogen, die miteinander zankten.

Suleiman-bin-Daoud hörte den einen sagen: »Ich bin höchst erstaunt, dass du dir herausnimmst, so mit mir zu reden. Weißt du nicht, dass ich bloß mit dem Fuß aufzustampfen brauche, und der ganze Palast von Suleiman-bin-Daoud und dieser Garten hier verschwinden im Handumdrehen mit einem Donnerschlag?«

Da vergaß Suleiman-bin-Daoud seine neunhundertneunundneunzig lästigen Frauen und lachte über die Angeberei des Schmetterlings, bis der Kampferbaum wackelte. Und er streckte seinen Finger aus und sagte: »Kleiner Mann, komm her.«

Der Schmetterling hatte schreckliche Angst, aber er schaffte es, zur Hand Suleiman-bin-Daouds zu fliegen, wo er sich festklammerte und sich fächelte.

Suleiman-bin-Daoud neigte den Kopf und flüsterte sehr leise: »Kleiner Mann, du weißt doch, dass du mit deinem Stampfen nicht einmal einen Grashalm krümmen könntest. Wieso hast du denn deine Frau so fürchterlich angeflunkert? Denn ohne Zweifel ist sie doch deine Frau.«

Der Schmetterling schaute Suleiman-bin-Daoud an und sah, wie die Augen des Hochweisen Königs funkelten wie Sterne in einer Frostnacht, und er fasste seinen Mut mit beiden Flügeln und er legte den Kopf zur Seite und sagte: »O König, mögest du ewig leben. Sie *ist* meine Frau, und du weißt ja, wie Frauen sind.«

Suleiman-bin-Daoud lächelte in seinen Bart und sagte: »Ja, das weiß ich, kleiner Bruder.«

»Man muss sie irgendwie im Zaum halten«, sagte der Schmetterling, »und sie streitet schon seit heute früh mit mir. Ich habe das gesagt, um sie zum Schweigen zu bringen.«

Und Suleiman-bin-Daoud sagte: »Möge es sie zum Schweigen bringen. Geh zurück zu deiner Frau, kleiner Bruder, und lass mich hören, was du sagst.«

Zurück flog der Schmetterling zu seiner Frau, die ganz zittrig hinter einem Blatt saß, und sie sagte: »Er hat dich gehört! Suleiman-bin-Daoud selbst hat dich gehört!«

»Mich gehört!«, sagte der Schmetterling. »Natürlich hat er mich gehört. Ich wollte, dass er mich hört.«

»Und was hat er gesagt? Oh, was hat er gesagt?«

»Na ja«, sagte der Schmetterling und fächelte sich wichtigtuerisch, »unter uns, meine Liebe – natürlich kann ich es ihm nicht

verdenken, denn sein Palast muss eine Menge gekostet haben, und die Orangen werden gerade reif –, er hat mich gebeten, nicht aufzustampfen, und ich habe es ihm versprochen.«

»Du liebe Güte!«, sagte seine Frau und saß ganz still, aber Suleiman-bin-Daoud lachte über die Unverschämtheit des frechen kleinen Schmetterlings, bis ihm die Tränen übers Gesicht liefen.

Balkis, die Allerschönste, stand hinter dem Baum zwischen den roten Lilien auf und lächelte vor sich hin, denn sie hatte die Gespräche gehört. Sie dachte: »Wenn ich es klug anfange, kann ich meinen Herrn doch noch vor den Nachstellungen dieser streitlustigen Königinnen retten.« Und sie streckte ihren Finger aus und flüsterte der Frau des Schmetterlings leise zu: »Kleine Frau, komm her.«

Auf flog die Schmetterlingsfrau, voller Angst, und klammerte sich an Balkis' weiße Hand.

Balkis neigte ihren schönen Kopf und flüsterte: »Kleine Frau, glaubst du das, was dein Mann gerade gesagt hat?«

Die Schmetterlingsfrau schaute Balkis an und sah die Augen der allerschönsten Königin leuchten wie tiefe Tümpel mit Sternenlicht darin, und sie fasste ihren Mut mit beiden Flügeln und sagte: »O Königin, mögest du ewig in Schönheit strahlen. Du weißt doch, wie Männer sind.«

Und die Königin **BALKIS**, die weise Balkis von Saba, hielt sich die Hand vor die Lippen, um ein Lächeln zu verbergen, und sagte: »Kleine Schwester, *das* weiß ich.«

»Sie werden wütend«, sagte die Schmetterlingsfrau und fächelte sich schnell, »wegen nichts und wieder nichts, aber wir müssen ihnen nachgeben, o Königin. Sie meinen nicht die Hälfte dessen, was sie sagen. Wenn es meinem Mann Vergnügen macht zu glauben, ich würde glauben, dass er Suleiman-bin-Daouds Palast verschwinden lassen kann, indem er mit dem Fuß aufstampft, dann ist mir das doch egal. Bis morgen hat er das längst vergessen.«

»Kleine Schwester«, sagte Balkis, »du hast vollkommen recht. Aber wenn er das nächste Mal anfängt zu prahlen, dann nimm ihn beim Wort. Bitte ihn zu stampfen und gib acht, was passiert. *Wir* wissen, wie Männer sind, nicht wahr? Er wird sehr beschämt sein.«

Fort flog die Schmetterlingsfrau zu ihrem Mann, und nach fünf Minuten zankten sie schlimmer denn je.

»Vergiss nicht«, sagte der Schmetterling, »vergiss nicht, was ich tun kann, wenn ich mit dem Fuß aufstampfe.«

»Ich glaube dir kein Wort«, sagte die Schmetterlingsfrau. »Ich würde das gerne sehen. Stampf doch mal.«

»Ich habe Suleiman-bin-Daoud versprochen, es zu lassen«, sagte der Schmetterling, »und ich will mein Versprechen halten.«

»Das würde überhaupt nichts ausmachen«, sagte seine Frau, »du könntest nicht einmal einen Grashalm krümmen mit deinem Stampfen. Zeig's mir doch! Stampfe! Stampfe! Stampfe!«

Suleiman-bin-Daoud saß unter dem Kampferbaum und hörte jedes Wort, und er lachte, wie er noch nie im Leben gelacht hatte. Er vergaß ganz seine Königinnen, er vergaß das Tier, das aus dem Meer gekommen war, er vergaß die Angeberei. Er lachte einfach vor Freude, und Balkis auf der anderen Seite des Baumes lächelte, weil ihr Liebster so froh war.

Augenblicklich kam der Schmetterling ganz erhitzt und atemlos zurück unter den Schatten des Kampferbaums gewirbelt und sagte zu Suleiman: »Sie will, dass ich aufstampfe! Sie will sehen, was passiert, o Suleiman-bin-Daoud! Du weißt, dass ich es nicht kann, und jetzt wird sie nie wieder auch nur ein Wort glauben, das ich sage. Sie wird mich bis zum Ende meiner Tage auslachen!«

»Nein, kleiner Bruder«, sagte Suleiman-bin-Daoud, »sie wird dich nie wieder auslachen.« Und er drehte seinen Fingerring – nur um des kleinen Schmetterlings willen, nicht um anzugeben –, und, siehe da, vier riesige Dschinns kamen aus der Erde.

»Sklaven«, sagte Suleiman-bin-Daoud, »wenn dieser Gentleman auf meinem Finger« (da saß nämlich der freche Schmetterling) »mit seinem linken Vorderfuß aufstampft, dann lasst ihr meinen Palast und diese Gärten mit einem Donnerschlag verschwinden. Wenn er dann wieder stampft, bringt ihr beides sorgsam zurück.«

»Jetzt, kleiner Bruder«, sagte er, »geh zurück zu deiner Frau und stampfe nach Herzenslust.«

Fort flog der Schmetterling zu seiner Frau, die rief: »Tu's doch, tu's doch! Stampfe! Stampfe jetzt sofort! Stampfe!«

Balkis sah, wie sich die vier ungeheuren Dschinns an den vier Ecken der Gärten mit dem Palast in der Mitte bückten, und sie klatschte leise in die Hände und sagte: »Endlich tut Suleiman-bin-Daoud für einen Schmetterling, was er längst für sich selbst hätte tun sollen, und die streitsüchtigen Königinnen werden Angst bekommen.«

Dann stampfte der Schmetterling. Die Dschinns schleuderten

den Palast und die Gärten tausend Meilen in die Luft: Es gab einen entsetzlichen Donnerschlag, und alles wurde schwarz wie Tinte. Die Schmetterlingsfrau flatterte im Dunkeln herum und rief: »Oh, ich bin ja schon brav! Es tut mir so leid, wie ich geredet habe! Bring um Himmels willen die Gärten zurück, mein geliebter Mann, und ich werde nie mehr widersprechen.«

Der Schmetterling war beinahe ebenso erschrocken wie seine Frau, und Suleiman-bin-Daoud lachte so sehr, dass es mehrere Minuten dauerte, bis er so weit zu Atem gekommen war, dass er dem Schmetterling zuflüstern konnte: »Stampfe noch einmal, kleiner Bruder. Gib mir meinen Palast zurück, großer Zauberer.«

»Ja, gib ihm seinen Palast zurück«, sagte die Schmetterlingsfrau, die immer noch im Dunkeln herumflatterte wie eine Motte. »Gib ihm seinen Palast zurück und lass es genug sein mit der grausigen Zauberei!«

»Tja, meine Liebe«, sagte der Schmetterling, so tapfer er konnte, »du siehst, wohin dein Gezeter geführt hat. Mir kann es ja egal sein – ich bin derlei gewohnt –, aber dir und Suleiman-bin-Daoud zum Gefallen will ich die Sache richtigstellen.«

Also stampfte er noch einmal, und in ebendiesem Augenblick ließen die Dschinns den Palast und die Gärten ohne den geringsten Ruck wieder hinunter. Die Sonne schien auf die dunkelgrünen Orangenblätter, die Brunnen plätscherten zwischen den rosafarbenen ägyptischen Lilien, die Vögel sangen wieder, und die Schmetterlingsfrau lag unter dem Kampferbaum auf der Seite, wackelte mit den Flügeln und japste: »Oh, ich bin brav! Ich bin brav!«

Suleiman-bin-Daoud konnte vor Lachen kaum reden. Er lehnte sich ganz schwach und hickeschlickig zurück, drohte dem Schmetterling mit dem Finger und sagte: »O großer Zauberer, was nutzt es, dass du mir meinen Palast zurückgibst, wenn du mich gleichzeitig vor Gelächter umbringst?«

Dann gab es einen schrecklichen Lärm, denn alle neunhundertneunundneunzig Königinnen kamen aus dem Palast gerannt und kreischten und schrien und riefen nach ihren Babys. Sie rasten die große Marmortreppe unterhalb der Brunnen hinunter, immer hundert nebeneinander, und die Hochweise Balkis schritt ihnen gemessen entgegen und fragte: »Was bekümmert euch, o Königinnen?«

Sie blieben auf der Marmortreppe stehen, immer hundert nebeneinander, und schrien: »Was uns bekümmert? Wir lebten friedlich in unserem Goldenen Palast, wie wir es gewohnt sind, als urplötzlich der Palast verschwand und wir in einer undurchdringlichen, widerlichen Dunkelheit saßen. Und es donnerte, und Dschinns und Ifrits waren in der Dunkelheit unterwegs! Das bekümmert uns, o Hauptkönigin, und wir sind höchst außerordentlich bekümmert wegen dieses Kummers, denn es war ein kümmerlicher Kummer, ganz anders als irgendein Kummer, den wir bisher erlebt haben.«

Da sagte Balkis, die allerschönste Königin – Suleiman-bin-Daouds allerliebster Herzensschatz –, ehemals Königin von SABA UND SABIE und von den Goldflüssen des Südens, von der Wüste von Zin zu den Türmen von Zimbabwe – Balkis, die fast so weise war wie der Hochweise Suleiman-bin-Daoud selbst: »Das ist nicht der Rede wert, o Königinnen. Ein Schmetterling hat sich über seine Frau beklagt, weil sie mit ihm zankte, und da gefiel es unserem Herrn Suleiman-bin-Daoud, ihr eine Lehre zu erteilen in Zurückhaltung und Demut, denn das gilt als Tugend unter Schmetterlingsfrauen.«

Da meldete sich eine ägyptische Königin – die Tochter eines Pharaos – und sagte: »Unser Palast kann nicht mit den Wurzeln ausgerissen werden wie eine Lauchstange bloß wegen eines kleinen Insekts. Nein! Suleiman-bin-Daoud muss tot sein, und was wir gehört und gesehen haben, war die Erde, die bei dieser Kunde gedonnert und sich verfinstert hat.«

Da winkte Balkis diese kühne Königin herbei, ohne sie anzusehen, und sagte zu ihr und zu den anderen: »Kommt und seht.«

Sie stiegen die Marmortreppe herunter, immer hundert nebeneinander, und unter dem Kampferbaum fanden sie den Hochweisen König Suleiman-bin-Daoud, der sich, immer noch geschwächt vom Lachen, hin- und herwiegte mit einem Schmetterling auf jeder Hand, und sie hörten ihn sagen: »O Gattin meines Bruders der Lüfte, vergiss ab jetzt nie, deinem Mann in allen Dingen zu Gefallen zu sein, damit er nicht herausgefordert wird, noch einmal aufzustampfen. Denn er hat gesagt, dass er diese Zauberei gewöhnt ist, und er ist ein hochbedeutender Zauberer – einer, der sogar Suleiman-bin-Daouds eigenen Palast stehlen kann. Geht in Frieden, ihr Kleinen!« Und er küsste sie auf die Flügel, und sie flogen davon.

Da fielen alle Königinnen außer Balkis – der allerschönsten und prächtigen Balkis, die lächelnd abseits stand – platt aufs Gesicht, denn sie sagten sich: »Wenn so etwas geschieht, bloß weil ein Schmetterling sich über seine Frau ärgert, was geschieht dann mit uns, die wir unseren König viele Tage lang mit Geschrei und offenem Streit geärgert haben?«

Da zogen sie sich den Schleier über den Kopf und pressten die Hand auf den Mund und gingen ganz mäuschenstill auf Zehenspitzen zurück in den Palast.

Da schritt Balkis – die allerschönste und vortreffliche Balkis – durch die roten Lilien in den Schatten des Kampferbaums und legte Suleiman-bin-Daoud die Hand auf die Schulter und sagte: »O mein Herr und Reichtum meiner Seele, frohlocke, denn wir haben den Königinnen von Ägypten und Mesopotamien und Abessinien und Persien und Indien und China eine große und unvergessliche Lehre erteilt.«

Und Suleiman-bin-Daoud, der immer noch den Schmetterlingen hinterherblickte, die im Sonnenlicht tanzten, sagte: »O meine Herrin und Kleinod meiner Seligkeit, wann ist das geschehen? Denn ich habe mit einem Schmetterling Späße gemacht, seit ich in den Garten kam.« Und er erzählte Balkis, was er getan hatte.

Balkis – die zärtliche und überaus liebliche Balkis – sagte: »O mein Herr und Beherrscher meines Seins, ich habe mich hinter dem Kampferbaum versteckt und alles gesehen. Ich war es, die der Schmetterlingsfrau auftrug, den Schmetterling zum Stampfen aufzufordern, weil ich hoffte, dass mein Herr um des Spaßes willen einen großen Zauber machen würde, und dass die Königinnen ihn sehen und in Angst geraten würden.« Und sie erzählte ihm, was die Königinnen gesagt, gesehen und gedacht hatten.

Da stand Suleiman-bin-Daoud von seinem Sitz unter dem Kampferbaum auf, streckte die Arme aus, frohlockte und sagte:

»O meine Herrin und Versüßerin meiner Tage, wisse, wenn ich aus Stolz oder Ärger einen Zauber gegen meine Königinnen gemacht hätte, so wie ich das Fest für alle Tiere ausgerichtet habe, wäre ich gewiss beschämt worden. Aber dank deiner Weisheit habe ich um eines Spaßes und eines kleinen Schmetterlings willen gezaubert, und – siehe da! – das hat mich auch von dem Verdruss durch meine verdrießlichen Frauen erlöst! Sage mir also, o meine Herrin und Herz meines Herzens, wie kommt es, dass du so weise bist?«

Und Balkis, die Königin, schön und hochgewachsen, blickte auf in Suleiman-bin-Daouds Augen und legte den Kopf ein wenig schräg, genau wie der Schmetterling, und sagte: »Erstens, o mein Herr, weil ich dich liebe, und zweitens, o mein Herr, weil ich weiß, wie Frauensleute sind.«

Dann stiegen sie zum Palast hinauf, und wenn sie nicht gestorben sind, so leben sie noch heute.

Aber war das nicht schlau von Balkis?

NACHWORT

Die vorliegenden Erzählungen hat Rudyard Kipling (1865–1936) zuerst seiner Tochter Josephine (»Effie«) und dann auch seiner zweiten Tochter Elsie und seinem Sohn John erzählt und schließlich allen Kindern, die sich in seinem Haus trafen oder denen er unterwegs auf seinen vielen Reisen begegnete. Das Buch – Kiplings einziges richtiges »Kinderbuch« – erschien 1902 in England unter dem Titel *Just So Stories for Little Children*. Kipling erklärt den Titel in einem Vorwort, das er 1889 mit der ersten Geschichte im »St. Nicholas Magazine«, einer damals berühmten amerikanischen Familienzeitschrift, veröffentlichte: »Manche Geschichten müssen leise gelesen und manche sollten laut erzählt werden. Manche Geschichten passen nur für verregnete Vormittage und andere für lange, heiße Nachmittage, wenn man draußen im Freien liegt, und manche Geschichten sind Gute-Nacht-Geschichten … Man durfte manche Geschichten verändern, so viel man wollte; aber bei den Geschichten am Abend, mit denen Effie zum Einschlafen gebracht werden sollte, durfte man unter keinen Umständen auch nur das geringste Wörtchen ändern. Sie mussten immer genau so (»just so«) erzählt werden, sonst wachte Effie auf und trug den fehlenden Satz nach. Daher wurden sie schließlich so etwas wie Zaubersprüche, alle drei – die Geschichte vom Wal, die vom Kamel und die vom Rhinozeros. Natürlich sind Kinder nicht alle gleich, aber ich glaube, wenn man eine Effie erwischt, die am Ende des Tages schon ziemlich müde und schläfrig ist, und wenn man mit leiser Stimme beginnt und die Geschichten genau so vorträgt, wie ich sie geschrieben habe, dann wird sich diese Effie wahrscheinlich bald zusammenrollen und einschlafen.«

Effie starb 1899 auf einer USA-Reise mit sechs Jahren an Lungenentzündung, und auch Kipling entkam dem Tod nur knapp. Danach änderte er in dem Kinderzimmer-Exemplar der Erstausgabe die Widmung »Für kleine Kinder« (»For Little Children«) handschriftlich in »Für Elsie und John« um.

Eine Nichte Kiplings, Angela Thirkell, erinnert sich: »In diesen langen warmen Sommern probierte mein Onkel Ruddy die *Just So Stories* vor einem Kinderpublikum aus. Manchmal wurden Josephine und ich ins Arbeitszimmer eingeladen … und er erzählte uns von einem Seemann mit grenzenlosem Einfallsreichtum und Verstand und Hosenträgern – die Hosenträger dürft ihr nicht vergessen, ihr Lieben.« Und sie fährt fort: »Die gedruckten *Just So Stories* sind kümmerlich im Vergleich zu dem Vergnügen, wenn Onkel Ruddy sie in seiner tiefen, sicheren Stimme vortrug. Es war wie ein Ritual, jeder Satz hatte seine spezielle Intonation, die jedes Mal genau gleich sein musste und ohne die die Geschichten trockene Hülsen sind. Es war ein unnachahmlicher Tonfall, eine besondere Melodie an dieser oder jener Stelle, die sein Erzählen unvergesslich machte.«

Unsere Ausgabe unterscheidet sich in manchen Punkten von der englischen Ausgabe. Am Wichtigsten ist, dass wir Kathrin Schärer für die Illustration der Geschichten gewonnen haben. Damit erhält das Buch eine Frische und Lebendigkeit, die über Kiplings eigene Illustrationen, so wertvoll diese sind, weit hinausgehen. Die Verspieltheit und der Witz des Texts werden nun für heutige Kinder ganz neu erfahrbar. Mit dieser Entscheidung entfiel natürlich auch die Notwendigkeit, Kiplings Erläuterungen zu seinen eigenen Illustrationen in unsere Ausgabe aufzunehmen. Desgleichen haben wir auf den Abdruck der Gedichte zwischen den meisten der Geschichten verzichtet, weil sie dem Erleben der seltsamen, komischen oder auch wundersamen Geschehnisse nichts hinzufügen. Mit anderen Worten: Wir haben uns darauf konzentriert, ein reines Kinderbuch zu gestalten. In der Abfolge und in der Aufnahme der Texte folgen wir dem Band XX der sogenannten »Outward Bound Edition«, die 1903 in New York bei Charles Scribner's Sons erschienen ist.

Andreas Nohl

ANMERKUNGEN

BALKIS einer der Namen der Königin von Saba

DARLING-DOWNS Farmlandregion im Nordosten Australiens

DEMOTISCH, NILOTISCH, KRYPTISCH, KUFISCH … RUNEN, DOREN, IONEN, HOREN, IKONEN historische Schrift- bzw. Sprachformen, kryptisch = rätselhaft, Zusammenstellung in Nonsensabsicht

DSCHINN arabisch für Geist oder Dämon

ELAND afrikanische Antilopenart

FLINT Feuerstein

HETMANE … BONZEN viele davon Nonsensnamen, ansonsten Herrscher, Priester, Soldaten und Magier aus verschiedenen Teilen der Welt

HOCHVELD Kern des südafrikanischen Binnenhochlandes

HUNDSFISCHE kleine Verwandte des Hechts

IFRITS arabische Geisterwesen

JÜTE, ANGLE, DRAVIDE Angehörige verschiedener Volksgruppen bzw. -stämme (die beiden ersten germanisch, der letztere in Indien und Pakistan ansässig)

MAZANDERAN, SOKOTRA iranische Provinz bzw. eine Insel im nordwestlichen Indischen Ozean

NEOLITHISCHE REDE steinzeitliche Rede

NEPHRITSCHNEIDE Schneide aus Nephrit, einem grünen Mischkristall

NIPPFLUT auch Nipptide, tritt in der Regel bei Halbmond auf

OROTAVO, AMYGDALA, ANTANANARIVO, SÜMPFE VON SONAPUT Fantasienamen, die an Orte in Indien, Madagaskar und auf Teneriffa anklingen; Amygdala = Mandelkern im Gehirn

PALAVER, INDABA, PUNCHAYET, POW-WOW Gesprächsversammlungen unterschiedlicher Kulturen

PARSE Angehöriger einer aus Persien stammenden ethnisch-religiösen Gruppe, die dem Zoroastrismus zuneigt und heute vor allem in Pakistan und Indien lebt

PROGNATHISCHE HINTERSASSEN Nonsenszusammenhang (mit »prognathisch« bezeichnet man in der Zahnmedizin »vorstehende« Zähne oder ein »vorspringendes« Kinn)

SABA UND SABIE Nonsenszusammenhang zwischen dem antiken Königreich Saba (1000 v. Chr. bis 400 n. Chr.) und der kleinen Stadt Sabie in Südafrika

SLOKA Strophenform in der altindischen Epik

SPINNWIRTEL Gewicht, das beim Spinnen in eine Drehbewegung versetzt wird

TAGUNDNACHTGLEICHE auch Äquinoktium werden die beiden Tage im Jahr genannt, an denen der Tag und die Nacht gleich lange dauern. Sie markieren den Beginn von Frühling und Herbst

TRILLER schottischer Nationaltanz

WÜSTENMULI Wüstenmaultier, Kreuzungsprodukt einer Pferdestute und eines Eselhengstes

ZWEI FUSS BREIT, DREI FUSS DICK 1 Fuß = 30,48 cm, also ca. 60 cm breit und 90 cm dick

Der Autor **RUDYARD KIPLING**, 1865 in Bombay geboren, 1936 in London gestorben, war ein britischer Erzähler und Dichter. Populär wurde er durch seine Romane *Das Dschungelbuch* und *Kim*. 1907 erhielt er als jüngster Autor den Literaturnobelpreis.

Die Illustratorin **KATHRIN SCHÄRER**, 1969 geboren, studierte Zeichnen und Werken an der Hochschule für Gestaltung in Basel. Seit 2001 hat sie rund 40 Bilder- und Kinderbücher illustriert. Für ihre Arbeit wurde sie mehrfach ausgezeichnet, u. a. war sie für den Deutschen Jugendliteraturpreis, den Astrid-Lindgren-Gedächtnis-Preis und den Hans-Christian-Andersen-Preis nominiert; 2011 erhielt sie den Schweizer Kinder- und Medienpreis. Für Hanser illustrierte sie u. a. die beiden erfolgreichen Tiergedichtbände von Franz Hohler, *Es war einmal ein Igel* (2011) und *Am liebsten aß der Hamster Hugo Spaghetti mit Tomatensugo* (2018), *Das Herz der Puppe* (2012) von Rafik Schami und *Das kleine Wildschwein und die Krähen* (2023) von Franz Hohler. 2022 erschienen ihr Bilderbuch-Bestseller *Da sein – Was fühlst du?* und das Postkarten-Set mit 20 Bildern aus dem Buch. Auch zu *Lesen ist doof* (2023; Text: Nils Freytag und Silke Schlichtmann) sowie dem *Lesen ist doof-Postkarten-Set* steuerte sie eine Illustration bei. 2023 erschien ihr Bilderbuch *Kann ich alleine!*, 2024 das Postkarten-Set zum Buch. Kathrin Schärer lebt in Basel.

Der Herausgeber und Übersetzer **ANDREAS NOHL**, 1954 geboren, studierte Philosophie in Berlin, Frankfurt und San Francisco. Heute arbeitet er als Schriftsteller, Übersetzer und Herausgeber, und lebt mit seiner Frau und drei Kindern in Augsburg. Bei Hanser erschienen bereits seine hochgelobten Übersetzungen von Mark Twains *Tom Sawyer und Huckleberry Finn* (2010), *Tom Sawyer als Detektiv* (2011) und *Tom Sawyers abenteuerliche Ballonfahrt* (2012), der Romane *St. Ives* (2011) und *Die Schatzinsel* (2013) von Robert Louis Stevenson, sowie *Kim* (2015) von Rudyard Kipling.